Josef Treutlein

Marienandachten

Gottesdienstmodelle
Lieder, Litaneien und Impulse für die Wallfahrt

Mit CD-ROM

HERDER

FREIBURG · BASEL · WIEN

MIX
Papier aus verantwortungsvollen Quellen
FSC® C106847
FSC
www.fsc.org

www.herder.de

Umschlaggestaltung: Finken & Bumiller
Umschlagmotiv: KNA_146708 © KNA Bild

Satz- und CD-ROM-Gestaltung: SatzWeise, Föhren
Herstellung: fgb · freiburger graphische betriebe
www.fgb.de

Printed in Germany

ISBN 978-3-451-34154-0

Inhalt

Vorwort

Die hier vorgelegten Andachten und Bausteine sind bisher noch nicht veröffentlicht. Sie sind in der Seelsorgepraxis und Begleitung vieler Pilger entstanden, die lange Wege zum Wallfahrtsort zu gehen haben.

Die Texte suchen bestimmten Grundsätzen zu entsprechen: biblisch fundiert, dem Glauben und dem Beten der Kirche verpflichtet, lebensnah. Sie wollen dazu dienen, christliche Spiritualität zu vertiefen und das christliche Gottesbild aufleuchten zu lassen.

Als ich abschließend noch einmal auf die Texte schaute, ging mir auf, was sie eigentlich sind: Gespräche mit der Mutter Jesu. Ich habe meist die direkte Anrede gewählt. Das hat seinen Grund. Ich wollte nicht nur Schönes über Maria als Vorbild christlichen Lebens sagen, sondern auch die Verbindung mit ihr als Person herstellen, Beziehung zu Maria stiften. Die Gebete und Lieder wollen bewusst dazu anleiten, dass jemand seine Not oder seine Sehnsucht direkt in die Hände der Gottesmutter legen kann. Sie ist eine gute Adresse; so etwas wie Person gewordene Beziehung zu Christus. Um ihn geht es, wenn wir Maria ehren.

Nehmen Sie das Buch als »Beziehungstifter«! Vergessen Sie aber nicht, dass es dabei auch auf Sie als Person ankommt. Alles, was wir in der Verkündigung und Seelsorge weitergeben, muss irgendwie durch unser Herz hindurchgegangen sein. Dann stiften wir Beziehung.

Josef Treutlein

Kapitel I – Andachten

Vorbemerkungen

- Auf den Text- und Liedblättern, die für Alle ausgeteilt werden, sollten nur die Wechselgebete und Lieder / Liedtexte stehen. Alle Regieanweisungen und Texte, die vorgetragen werden – also zum Zuhören gedacht sind, sowie Litaneien und einfache Gesänge (z. B. Marienrufe), bei denen die Antwort kurz und bekannt ist, lässt man auf diesen Blättern weg. Dort genügt es, wenn lediglich der »Programmpunkt« als solcher in Form einer (Zwischen-) Überschrift steht, damit die Leute den Ablauf nachvollziehen können.
- Es ist gut, wenn mehrere Sprecher/innen für den Vortrag der (Bibel-) Texte und das Vorbeten zur Verfügung stehen.
- Man beachte bei Andachten in Kirchenräumen: Die Gebetsrichtung sollte anders sein als die Verkündigungsrichtung beim Sprechen. Warum also nicht als Leiter/in oder Vorbeter/in von einem Betstuhl oder von einer Kirchenbank aus beten? Wenn dagegen zur Einführung, zum Verlesen eines Schrifttextes oder zur Auslegung die Gemeinde angesprochen wird, wendet man sich ihr (vom Ambo aus) zu.

1. Ein Gruß geht um die Welt. Andacht zum »Ave Maria«

Hinweise

- S = Sprecher/in, V = Vorbeter/in, A = Alle
- Diese Andacht eignet sich auch für unterwegs bei einer Wallfahrt. In diesem Fall brauchen die Teilnehmenden nichts mitzulesen. Sie werden jeweils von V auf den kurzen Gebetsruf hingewiesen, den sie sprechen sollen. (Z. B. »Wir antworten jeweils: Der Herr ist mit dir.«) Alles andere wird durch V und S abgedeckt.
- Als Lieder eignen sich z. B. »Ave Maria« (GL 580), »Ave Maria klare« (GL 581), »O Maria sei gegrüßt« (GL 582) und »Ave Maria zart« (GL 583). Die passenden Strophen werden an den entsprechenden Stellen eingefügt.
  Siehe auch »Liedrufe und Gesänge«.
- Es empfiehlt sich, an passender Stelle ein schönes »Ave Maria« instrumental oder mit CD einzuspielen, einfach zum Anhören.
- Die Einführung und das Schriftwort können entfallen, wenn sie als gut bekannt vorausgesetzt werden können, vor allem bei wiederholtem Gebrauch. Weitere Kürzungen sind durch Weglassen der S-Texte möglich.
- Schließlich kann man die ganze Andacht in zwei oder mehrere Kurzandachten aufteilen, wenn z. B. im Mai öfter Marienandachten in derselben Gemeinde stattfinden.

Lied

Einführung

S Das »Gegrüßet seist du, Maria« gehört nach dem »Vaterunser« zu den Grundgebeten der Christen. Es besteht aus drei Teilen. Die beiden ersten Teile sind Worte der Heiligen Schrift: der Gruß, den der Engel (Lk 1, 28), und der Gruß, den Elisabet (Lk 1, 42) an die Mutter des Herrn richtet. Der dritte Teil ist ein schlichter Hilferuf der Christen an Maria: eine Bitte um Fürsprache.

Die Mitte des Gebetes ist der Name »Jesus«. Jesus ist die Mitte im Leben seiner Mutter. Er muss auch die Mitte im Leben der Christen sein. Jede echte Marienverehrung führt zu dieser Mitte.

Gebet

V Jesus, Sohn des Vaters, deine Mutter Maria hat einen wichtigen Platz in deinem Leben. Durch sie wurdest du unser Bruder.

A Hilf uns, die Frau zu entdecken, die sich für dich entschieden hat.

V Zärtlich hat sie dich getragen. Treu hat sie dich umsorgt. Alle deine Worte hat sie bewahrt.

A Hilf uns, im Glauben zu wachsen, wenn wir sie grüßen.

V Höre auf unser Gebet, wenn wir sie um Fürsprache anrufen.

A Zeige uns den Platz, den sie in unserem Leben einnehmen kann.

Schriftwort

S Hören wir zuerst, was der Evangelist Lukas schreibt:

Lk 1, 26–42 wird vorgelesen

Stille

Lied

Gegrüßet seist du, Maria …

S Jede gute Begegnung beginnt mit einem Gruß. Ich nehme jemanden wahr, gehe auf ihn zu, empfange ihn, wünsche ihm Gutes. Es ist schön, wenn mich jemand grüßt. Eine erste Verbindung ist da, wenigstens für einen kurzen Moment. Ich fühle mich ernst genommen.
Wir haben es mit einem Gott zu tun, der uns grüßt. Seine Engel sind auch heute unterwegs zu uns. Durch Menschen, Dinge, Ereignisse, durch die Zeichen der Zeit, durch Regungen unseres Herzens, in der Stimme unseres Gewissens, im Wort der Heiligen Schrift und in der Liturgie spricht Gott uns an.

V Gut, dass du da bist, Maria. Du bist ansprechbar – für Gott, aber auch für uns.

A Gegrüßet seist du, Maria!

V Gott selber hat dich gegrüßt durch seinen Engel in Nazaret. Wir sprechen seinen Gruß nach. Wir haben ein »Mitspracherecht«.

A Gegrüßet seist du, Maria!

V Wenn wir dich mit den Worten des Engels grüßen, blicken wir sozusagen mit den Augen Gottes auf dich. Du bist ihm wichtig. Deshalb bist du auch uns wichtig.

A Gegrüßet seist du, Maria!

V Wie oft wurdest du in zwei Jahrtausenden gegrüßt, seit Menschen an deinen Sohn Jesus glauben und ihn als ihren Herrn und Retter anbeten!

A Gegrüßet seist du, Maria!

V Das »Ave Maria« ist zu einem großen Chor aus allen Völkern geworden. Es wurde wunderbar vertont in Meisterwerken der Musik. Es erklingt täglich millionenfach, wenn die Ave-Glocken von den Türmen der Christenheit zum Gebet rufen.

V+A Gegrüßet seist du, Maria, voll der Gnade …

Lied

oder ein schönes »Ave Maria« (vorgetragen oder mit CD-Player gespielt)

… voll der Gnade

S Der heilige Augustinus schreibt: »So, wie Gott das ungeheure Wasserbecken Meer genannt hat, ebenso hat er den unermesslichen Ozean der Gnade Maria genannt. Glückselig, wer dich liebt! Dein Schutz wird sein Herz stärken, uns zu Hilfe kommen in Gefahren, trösten im Leiden, die Freuden heiligen. Gegrüßet seist du, voll der Gnade!«[1]

V Du bist von Gott geliebt und reich beschenkt, Maria, Du bist bejaht und angenommen. Nichts an dir ist durch Sünde entstellt.

A Du bist voll der Gnade.

V Liebe macht schön. Und Schönheit weckt Liebe. Du bist schön, Maria, einfach schön – und voll Liebe.

A Du bist voll der Gnade.

V Für uns ist Leistung ein hoher Wert geworden. Wir bewerten Andere nach ihrer Leistung. Wir sind stolz auf das, was wir uns leisten können. Aber das

Entscheidende können wir nicht machen. Es wird uns geschenkt. Alles ist Gnade.

A Du bist voll der Gnade.

V Maria, du Bild der Gnade! Du lenkst unseren Blick auf Gott, der nichts lieber tut als uns in unserer Armut zu beschenken. Hilf uns, empfänglich zu werden für seine großen Gaben und mit unseren Talenten zu arbeiten.

A Du bist voll der Gnade.

V Du weckst in uns die Freude am Schenken und Beschenktwerden. Wenn unser Leben glückt, dann ist das ein Geschenk. So ahnen wir, was Gnade ist in einer Welt, wo oft gnadenlos mit Menschen umgegangen wird.

V+A Gegrüßet seist du, Maria …

Lied

… der Herr ist mit dir

S In vielen Variationen spricht die Bibel davon, dass Gott »mit« einem Menschen und »inmitten« seines Volkes ist.

Gott spricht im Traum zu Jakob: »Ich bin mit dir, ich behüte dich, wohin du auch gehst.« (Gen 28, 15a)

Als Gott den Mose zur Befreiung seines Volkes beruft, sichert er ihm zu: »Ich will mit dir sein.« (Ex 3, 12)

Dem König David lässt Gott sagen: »Ich bin in allem, was du unternommen hast, mit dir gewesen.« (2 Sam 7, 9)

Den angefeindeten Propheten Jeremia ermutigt der Herr: « Mögen sie dich bekämpfen, sie werden dich nicht bezwingen; denn ich bin mit dir, um dich zu retten.« (Jer 1, 19)

Der Prophet Zefania ruft seinem Volk zu: »Juble, Tochter Zion! … Lass die Hände nicht sinken! Der Herr, dein Gott, ist in deiner Mitte, ein Held, der Rettung bringt.« (Zef 3, 14.15.17)

Und so freut sich das Volk am Bund mit Gott: »Der Herr der Heerscharen ist mit uns, der Gott Jakobs ist unsere Burg.« (Ps 46)

V Maria, du hast den zur Welt gebracht, dessen Name lautet »Immanuel – Gott ist mit uns!«

A Der Herr ist mit dir.

V Wenn Gott dich so grüßt, sind wir mitgegrüßt. Wir hören diesen Gruß immer neu, wenn wir uns als Volk Gottes versammeln: »Der Herr sei mit euch.«

A Der Herr ist mit dir.

V Der Herr ist mit uns. Er bleibt bei seiner Kirche und geht mit ihr den Weg durch die Zeiten. Du bist das Urbild der Kirche, Maria.

A Der Herr ist mit dir.

V Es ist gut, zu wissen, dass Gott sich untrennbar mit uns verbündet hat. Du, Maria, bist ein Zeichen der Nähe und Treue unseres Gottes.

V+A Gegrüßet seist du, Maria ...

Lied

... Du bist gebenedeit unter den Frauen, und gebenedeit ist die Frucht deines Leibes

S Elisabet findet, vom Heiligen Geist erfüllt, lobende Worte für ihre junge Verwandte und für das Kind, das sie erwartet. »Gesegnet bist du mehr als alle anderen Frauen, und gesegnet ist die Frucht deines Leibes! Wer bin ich, dass die Mutter meines Herrn zu mir kommt.« (Lk 1, 42) Später drückt eine Frau aus dem Volk ihre Begeisterung für Jesus aus, indem sie seine Mutter preist: »Selig die Frau, deren Leib dich getragen und deren Brust dich genährt hat.« (Mt 11, 27) Schon die Urkirche hat offensichtlich Maria um Jesu willen geehrt. Bis heute preisen wir Maria mit den Worten Elisabets.

V Du bist gesegnet, Maria. Du bist ein Segen für uns, ein Segen für die ganze Welt.

A Du bist gebenedeit unter den Frauen.

V Wer fällt uns ein, wenn wir an große Frauen denken? *(Kurze Stille)* Es gibt Frauen, denen wir viel verdanken, besonders unsere Mütter. Mit bewundernswertem Mut und großem Geschick, mit Einfühlungsvermögen und Intuition, mit Verstand und Herz machen Frauen unsere Welt menschlicher.

A Du bist gebenedeit unter den Frauen.

V »Selig, die das Wort Gottes hören und es befolgen!« (Lk 11, 28) Diese Worte Jesu gelten zuerst dir, aber auch allen, die ernst machen mit dem Glauben. Wir sind mitgemeint. Wir dürfen uns glücklich preisen.

A Du bist gebenedeit unter den Frauen.

V Als du Elisabet besucht hast, warst du »guter Hoffnung«. Du trugst den Herrn in deinem Schoß. Auch wir sind berufen, Hoffnungsträger zu sein.

A Gebenedeit ist die Frucht deines Leibes, Jesus.

V Hilf uns, Jesus in unsere Welt hineinzutragen. Seine Liebe soll ausstrahlen; sein Wort soll sich ausbreiten; sein Lebensstil soll Nachahmer finden; sein Segen soll den Menschen Schutz und Heilung bringen. Die ganze Kirche ist berufen, Christusträgerin zu sein.

A Gebenedeit ist die Frucht deines Leibes, Jesus.

V Wer dich ehrt, ehrt den Herrn. Wer dich grüßt, grüßt den Herrn. Wer zu dir kommt, den führst du zum Herrn.

A Gebenedeit ist die Frucht deines Leibes, Jesus.

V Jesus ist der Inhalt deines Lebens. Für ihn hast du gelebt. Lehre uns, ihn in die Mitte zu stellen – im persönlichen Leben genauso wie in unserer Gemeinschaft. Ihm sei Lob und Preis!

V+A Gegrüßet seist du, Maria …

Lied

Heilige Maria, Mutter Gottes, bitte für uns Sünder …

S Dem Gruß an Maria folgt nun eine schlichte Anrufung. Wir reden sie an mit ihrem vornehmsten Titel »Mutter Gottes«. Nicht weil sie über Gott stehen würde, sondern weil sie den geboren hat, der zugleich Mensch und Gott ist. Ihrem Gebet vertrauen wir uns an, wenn wir sagen: »Bitte für uns Sünder!« Ja, »Sünder«! Wir sind nicht perfekt, wir sind hilfsbedürftig und schwach. Wenn wir manchmal zu jemand sagen: »Bete für mich!«, wie viel mehr dürfen wir das der heiligen Frau sagen, die immer bereit ist, uns anzuhören und uns zu helfen!

V Wir haben viel zu bitten. Du weißt schon. Sag du es dem Herrn!

A Heilige Maria, Mutter Gottes, bitte für uns Sünder!

V Wir wollen keine einzelnen Wünsche nennen. Es sind ja so viele. Und sie sind ungeordnet wie unser ganzes Wesen; denn wir sind sündige Menschen.

A Heilige Maria, Mutter Gottes, bitte für uns Sünder!

V Suche aus, was wichtig ist; füge hinzu, was wir nicht wissen, was wir vergessen oder auch nicht fertig bringen; lass weg, was uns wichtig erscheint und es doch nicht ist!

A Heilige Maria, Mutter Gottes, bitte für uns Sünder!

V Bitte um Vergebung und Versöhnung. Bitte um Frieden und Sicherheit. Bitte um die Einheit der Christen. Bitte, dass Gottes Reich komme und sein Wille geschehe.

V Welche Anliegen möchten wir jetzt in Stille der Muttergottes vortragen?

Stille

V Man nennt dich »Zuflucht der Sünder«.

A Heilige Maria, Mutter Gottes, bitte für uns Sünder!

Lied

... jetzt und in der Stunde unseres Todes

S Zwei Zeitpunkte sind in unserem Leben immer die wichtigsten: der jetzige und der des Todes. Wir können die Vergangenheit zwar anders bewerten und sie aufarbeiten, aber ändern können wir sie nicht mehr – ganz gleich, was wir getan oder versäumt haben, was uns geglückt oder misslungen ist. Ebenso können wir nicht über die Zukunft verfügen. Wir dürfen hoffen und sollen planen – ja! Aber wir haben nichts in der Hand. Morgen schon kann alles ganz anders sein. Wir können immer nur das Jetzt gestalten. »Seht, jetzt ist die Zeit der Gnade.« (2 Kor 6,2) »Jetzt ist die Zeit, jetzt ist die Stunde, heute wird getan oder auch vertan, auf was es ankommt, wenn ER kommt«, heißt es in einem Lied. Dann, in der Todesstunde, steht buchstäblich alles auf dem Spiel. »Selig die Knechte, die der Herr wach findet, wenn er kommt.« (Lk 12,37) Zu Recht bitten wir Maria, dass sie uns jetzt und in der Stunde unseres Todes hilft. Wer so betet und wacht, übt sich in der wahren Lebenskunst.

V Jetzt, in diesem Augenblick, ist der gute Gedanke, der richtige Entschluss, die Hinwendung zu Gott möglich. Das hast du uns vorgelebt, Maria, und dabei willst du uns helfen.

A Bitte für uns Sünder, jetzt und in der Stunde unseres Todes.

V Hilf uns, die Zeit gut zu nutzen, die Gott uns schenkt, damit wir am Ende ganz bereit sind für den Übergang in die Ewigkeit – versöhnt mit Gott, mit den Menschen und mit unserer ganzen Lebensgeschichte.

A Bitte für uns Sünder, jetzt und in der Stunde unseres Todes.

V Deiner mütterlichen Liebe empfehlen wir uns heute und alle Tage. Dich bitten wir um eine gute Sterbestunde.

A Bitte für uns Sünder, jetzt und in der Stunde unseres Todes.

V Du wirst uns im Leben und im Sterben nicht verlassen. Das gibt Hoffnung und Trost, vertreibt die Angst und weckt neues Vertrauen.

A Bitte für uns Sünder, jetzt und in der Stunde unseres Todes.

V Diese Bitte richten wir an dich nicht nur für uns selbst, sondern auch für die Menschen, die uns nahe stehen, und für alle, die Gottes Barmherzigkeit besonders brauchen. Bitte für sie alle, dass ihr Leben gelingt und sich für immer im Reich Gottes vollendet.

V+A Gegrüßet seist du, Maria …

Lied

Schlussgebet

V Die Richtung und das Maß für all unser Beten hat der Herr selbst uns gegeben, als er uns das Vaterunser lehrte. So lasst uns den Vater im Geist und in der Wahrheit anbeten:

V+A Vater unser im Himmel …

Segen / Segenswort

Schlusslied und / oder Nachspiel

2. Mit Maria das »Vaterunser« beten

Hinweise

- S = Sprecher/in, V = Vorbeter/in, A = Alle
- Man kann den Stoff dieser Andacht auf mehrere Kurzandachten aufteilen.
- Während die Rose zum Altar gebracht wird, kann man den Vaterunser-Kanon singen: Jede Stimme wird zweimal durchgesungen, dann gesummt. Wenn alle summen, wird die entsprechende Vaterunser-Bitte laut und langsam von S gesprochen. Dann den Kanon noch zweimal durchsingen.

Lied

Einführung

S1 Vor den Bildern der Mutter Gottes brennen meist Kerzen. Bei ihr finden sich Menschen gern zum Beten ein. Es gehört zum Geheimnis dieser Frau, dass sie eine Atmosphäre des Betens schafft. Viele Bilder und Statuen von ihr zeigen sie mit gefalteten Händen und mit einem Rosenkranz. Maria lädt uns ein zum Beten.

S2 Ihr Sohn Jesus Christus hat uns das Vaterunser gelehrt. Sein Gebet ist das Gebet aller Christen. Es war auch ihr Gebet. Sie hat in der Nähe Jesu, in seiner »Gebetsschule« gelernt, das Vaterunser nicht nur mit Worten, sondern durch ihr ganzes Leben zu beten.

V Bete mit uns, Maria, im Geist deines Sohnes zum Vater im Himmel.

A Hilf uns, das Herz zu öffnen und die Gedanken zu sammeln.

V Du warst ergriffen vom Geheimnis Gottes.

A Gib uns von der Innigkeit deines Betens. Amen

Unser Vater im Himmel

V Maria, die Stunde der Verkündigung wurde für dich zur Begegnung mit Gott, dem Vater. Die Botschaft, Mutter des Gottessohnes zu werden, hat dein Leben von heute auf morgen total verändert. Und deine Reaktion: Du hast die Sicherheit der eigenen Pläne aufgegeben und dich auf die

Ungewissheit der Pläne Gottes eingelassen. Du hast geglaubt: Gott ist mein liebender Vater. Gott ist gut! Bete mit uns:

A Unser Vater im Himmel

V Maria, schenke uns in der Ungewissheit unseres Lebens etwas von deinem Vertrauen auf Gott, der unser guter Vater ist. Lass uns nicht nur mit Worten, sondern durch unser ganzes Leben beten:

A Unser Vater im Himmel! *(jedes Mal)*

V Vater aller, die dich suchen und nicht suchen:
Vater aller, die auf dich zugehen und sich von dir abwenden:
Vater aller, die dich ansprechen und vor dir stumm bleiben:
Vater aller, die mir sympathisch sind oder auch nicht:
Vater jedes Menschen; und jeden liebst du mit unaussprechlicher Liebe:
Vater, der uns alle zur großen Familie macht:
... und auf Erden, wo wir geboren werden und sterben:
... und auf Erden, wo wir lachen und weinen, lieben und hassen:
... und auf Erden, wo wir dich so oft vergessen:

Zur Besinnung: Wo gibt es Ungewissheiten in meinem Leben? Kann ich vertrauen, dass Gott, mein Vater, es gut mit mir meint?

Stille

V Gott, du bist gut.

A Unser Vater im Himmel

Vaterunser-Kanon

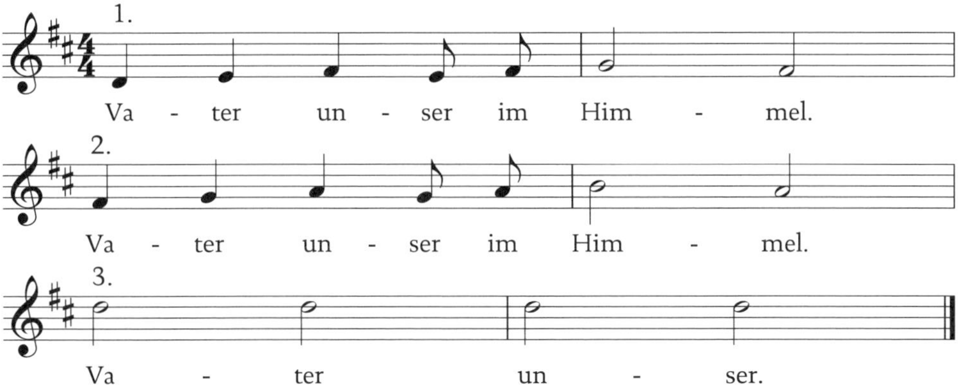

Rose wird zum Altar gebracht. Dazu wird von V gesprochen: Geheiligt werde dein Name.

Vater, geheiligt werde dein Name

V Maria, du betest Gott an: »Der Mächtige hat Großes an mir getan. Sein Name ist heilig.« (Lk 2,49) Du hast im Gebet die Begegnung mit Gott gesucht und erfahren: Die innere Berührung mit dem Heiligen macht heil. Gottes Nähe macht echt, wahr und gut. Er schenkt Freude und Strahlkraft des Herzens. Bete mit uns zum Vater:

A Geheiligt werde dein Name

V Maria, schenk uns etwas von deiner Sehnsucht, dem heiligen Gott im Gebet zu begegnen, damit wir selber innerlich heil und zufriedener werden. Lass uns nicht nur mit Worten, sondern durch unser ganzes Leben Gott verherrlichen.

A Geheiligt werde dein Name *(jedes Mal)*

V Im Blühen der Bäume und im satten Grün der Wiesen.
Im freundlichen Lächeln eines Menschen.
Durch unsere tägliche Arbeit im Beruf und Haushalt.
Durch die Art, wie wir beten und Gottesdienst feiern.
Durch die Art, wie wir unseren Glauben leben und über dich reden.
Wenn wir zu unseren Kindern väterlich oder mütterlich sind.

Wenn wir uns um ein gutes Klima daheim und am Arbeitsplatz mühen.
Wenn wir segnen, statt zu fluchen, loben statt zu schimpfen.
Wenn wir dummes Gerede über deine Kirche zurecht rücken.

Zur Besinnung: Habe ich schon erfahren, dass die Begegnung mit dem heiligen Gott heilt? Habe ich nach einem Gebet schon einmal erfahren, dass ich zufriedener, harmonischer, glücklicher war?

Stille

V Gott, du bist gut.
A Vater, geheiligt werde dein Name

Vaterunser-Kanon

Rose wird zum Altar gebracht. Dazu wird von V gesprochen: Dein Reich komme.

Vater, dein Reich komme

V Maria, seitdem Jesus durch dich in diese Welt gekommen ist, ist das Reich des Vaters schon angebrochen. Doch ist es noch nicht voll entfaltet und immer wieder gefährdet, weil so viele Widerstände dagegen aufgebaut werden. Bete mit uns zum Vater:
A Dein Reich komme
V Maria, lass uns wie du Liebe, Frieden und Freude verbreiten. Lass uns nicht nur mit Worten, sondern durch unser ganzes Leben zum Vater beten:
A Dein Reich komme. (jedes Mal)
V In unsere Welt der Supermärkte und Computer.
In das weltweite Netz der Informationen und Nachrichten.
In unsere Häuser, Familien, Schulen und Kindergärten.
Auf unsere Straßen und an unsere Arbeitsplätze.
In unsere Begegnungen und Gespräche.
Wo Kummer und Sorgen, Angst und Not zuhause sind.
Wo Menschen gefangen und geschändet werden.
Wo Menschen in ihren engen Denkbahnen gefangen sind.

Zur Besinnung: Was kann ich tun, damit um mich herum Liebe, Friede, Freude, Wahrheit und Gerechtigkeit wachsen und das Reich Gottes erfahrbar wird?

Stille

V Gott, du bist gut.
A Dein Reich komme.

Vaterunser-Kanon

Rose wird zum Altar gebracht. Dazu wird von V gesprochen: Dein Wille geschehe.

Vater, dein Wille geschehe!

V Maria, das Grundwort deines Lebens lautet: Ich bin die Magd des Herrn, mir geschehe nach deinem Wort. Du hast an Gottes Liebe geglaubt auch in dunklen Etappen. Du hast den Willen Gottes nicht nur passiv angenommen, sondern dich in allen Situationen gefragt: Was will Gott von mir? »Was ER euch sagt, das tut« (Joh 2, 5) sagst du allen, die sich an dich wenden! Bete mit uns zum Vater:
A Dein Wille geschehe!
V Maria, hilf uns den Willen Gottes in unserem Leben zu erkennen und zu erfüllen. Lass uns nicht nur mit Worten, sondern durch unser ganzes Leben zum Vater beten:
A Dein Wille geschehe! *(jedes Mal)*
V Wenn wir uns zwischen mehreren Möglichkeiten entscheiden müssen.
Wenn es uns schwer fällt, eine Situation anzunehmen.
Wenn plötzlich alles anders kommt als erwartet.
Wenn wir Angst haben, zu sagen oder zu tun, was richtig ist.
Wenn wir gar nicht wissen, was du uns sagen willst.
Wenn unser krankhafter Eigenwille uns lähmt.
Wenn Andere uns ihren Willen aufzwingen wollen.
In unserer Wirtschaftswelt und Wegwerfwelt.
In unserer globalisierten Welt des Geldes.

Zur Besinnung: Wo hat Gott heute zu mir gesprochen? Welche Entscheidung steht an? Wo fällt es mir schwer, zu Gott zu sagen: »Dein Wille geschehe?«

Stille

V Gott, du bist gut.
A Dein Wille geschehe!

Vaterunser-Kanon

Rose wird zum Altar gebracht. Dazu wird von V gesprochen: Unser tägliches Brot gib uns heute.

Vater, unser tägliches Brot gib uns heute.

V Gottesmutter Maria, mit Josef hast du dich wie jeder von uns um das tägliche Brot mühen müssen. Brot für den Körper genügt nicht, um glücklich zu sein. Wir alle haben einen großen Hunger nach Liebe, gegenseitigem Verstehen und beständiger Treue. Das ist Brot für die Seele. Alle, die dir begegnen, alle, die zu dir pilgern, erhalten dieses Brot. Bete mit uns zum Vater:
A Unser tägliches Brot gib uns heute.
V Maria, hilf uns, dass wir einander geben, was den Leib und die Seele nährt. Lass uns zusammenhalten, auch wenn es schon mal schwer sein kann. Mache uns dankbar, dass Jesus im Brot des Lebens zu uns kommt als Kraft für unseren Weg. Lass uns nicht nur mit Worten, sondern durch unser ganzes Leben zum Vater beten:
A Unser tägliches Brot gib uns heute. *(jedes Mal)*
V Viele haben nicht das Notwendigste zum Leben.
Bewahre uns vor Hungersnot und Verarmung.
Wir leben nicht nur vom Brot, sondern von jedem guten Wort.
Wir leben von deinem Wort und deinen Weisungen.
Gib uns Hunger nach dem eucharistischen Brot des Lebens.
Wir brauchen Anerkennung und Ermutigung.
Wir brauchen den täglichen Frieden und ein gutes Arbeitsklima.
Wir brauchen Geborgenheit und Freiheit.
Wir brauchen den Mut, unseren Wohlstand weltweit zu teilen.

Zur Besinnung: Wer wartet auf dieses »Brot« von mir? Von wem erhalte ich dieses wertvolle »Brot«? Zeige ich meine Dankbarkeit?

Stille

V Gott, du bist gut.
A Unser tägliches Brot gib uns heute.

Vaterunser-Kanon

Rose wird zum Altar gebracht. Dazu wird von V gesprochen: Vergib uns unsere Schuld, wie auch wir vergeben unsern Schuldigern.

Vater, vergib uns unsere Schuld, wie auch wir vergeben unsern Schuldigern.

V Mutter Maria, es gibt so viel Kreuz und Leid durch eigene und fremde Schuld. In deinem Loblied auf Gott singst du: »Er erbarmt sich von Geschlecht zu Geschlecht über alle, die ihn fürchten!« (Lk 1, 50) Selbst eingetaucht in Gottes Erbarmen, bist du für die Menschen zur Mutter der Barmherzigkeit geworden. Du bist ohne Schuld. Bete mit uns und für uns zum Vater:
A Vergib uns unsere Schuld, wie auch wir vergeben unseren Schuldigern.
V Wir sehnen uns danach, innerlich frei zu sein. Du Frau mit dem makellosen Herzen, du Zuflucht der Sünder, lass uns nicht nur mit Worten, sondern durch unser ganzes Leben zum Vater beten:
A Vergib uns unsere Schuld. *(jedes Mal)*
V Unsere Undankbarkeit und Unzufriedenheit.
Unsere Habsucht und Unersättlichkeit.
Unsere negativen Gedanken und Gefühle.
Unser schlechtes und unnötiges Reden über Andere.
Wenn wir uns entziehen wollen, wo wir gebraucht werden.
Wenn unser Versagen uns lähmt.
Wenn wir so viel Gutes unterlassen haben.
V/A Wie auch wir vergeben unsern Schuldigern. *(jedes Mal)*

V Vergib uns die Enttäuschungen, die wir Anderen bereiten.
Vergib uns den Schaden, den wir anrichten.
Vergib uns die Verletzungen, die wir Anderen zufügen.
Vergib uns die Zumutungen, mit denen wir Andere überfordern.
Vergib uns die Entgleisungen, mit denen wir andere vor den Kopf stoßen.
Vergib uns die Berechnung, mit der wir Andere über den Tisch ziehen.
Vergib uns die Verleumdung, die den guten Ruf der Anderen schädigt.
Vergib uns die Vorurteile, die uns blind machen.

Zur Besinnung: Gott, der barmherzige Vater wartet mit offenen Armen, um mir im Sakrament der Versöhnung meine Schuld zu vergeben. Bin ich auch selber bereit, anderen zu vergeben?

Stille

V Gott, du bist gut.
A Vergib uns unsere Schuld, wie auch wir vergeben unseren Schuldigern.

Vaterunser-Kanon

Rose wird zum Altar gebracht. Dazu wird von V gesprochen: Führe uns nicht Versuchung, sondern erlöse uns von dem Bösen.

Vater, führe uns nicht in Versuchung, sondern erlöse uns von dem Bösen

V Maria, manchmal erschreckt uns das Böse in der Welt. Du bist die Frau, von der es auf den ersten Seiten der Bibel heißt: Zusammen mit ihrem Kind wird sie der Schlange den Kopf zertreten. Ich darf auf Gottes Macht über das Böse vertrauen. Bete du mit uns und für uns zum Vater:
A Führe uns nicht in Versuchung, sondern erlöse uns von dem Bösen.
V Paulus rät: »Lass dich nicht vom Bösen besiegen, sondern besiege das Böse durch das Gute.« (Röm 12, 21) Maria, gib uns Kraft in Versuchung und hilf uns, das Böse in uns und um uns durch das Gute zu besiegen. Lass uns nicht nur mit Worten, sondern durch unser ganzes Leben zum Vater beten:

A Führe uns nicht in Versuchung, *(jedes Mal)*
V mehr sein oder gelten zu wollen als der Andere.
dem Neid und der Eifersucht Raum zu geben.
die Treue zu unserem Jawort aufzuweichen.
über Andere herzuziehen oder Ungeprüftes nachzusagen.
uns zu überschätzen und das Maß zu verlieren
in Selbstmitleid, Trübsinn und Resignation zu verfallen.
unsere gläubige Zuversicht wegzuwerfen.
V/A Erlöse uns von dem Bösen. *(jedes Mal)*
Lass uns nicht in die Fallstricke des Bösen geraten.
Hilf uns mit Entschiedenheit das Gute zu tun.
Entlarve den Widersinn ungerechter Strukturen.
Befreie uns aus Süchten und unguten Abhängigkeiten.
Durchbreche die Kettenreaktionen von Gewalt und Terror.
Lass uns leben in Frieden und Sicherheit.
Führe uns von einer Kultur des Todes zu einer Zivilisation der Liebe.

Zur Besinnung: Was ist meine besondere Schwäche? Wo gebe ich im Kleinen dem Bösen nach?

Stille

V Gott, du bist gut.
A Führe uns nicht in Versuchung, sondern erlöse uns von dem Bösen.

Vaterunser-Kanon

Rose wird zum Altar gebracht

V Maria, staunend hast du die Größe Gottes besungen in deinem Magnifikat.
Bete mit uns, so oft wir unseren Gott loben und preisen:
A Vater, mach unser ganzes Leben zu einem Loblied für dich.
V/A Dein ist das Reich. *(jedes Mal)*
Nicht *wir* werden das Paradies auf Erden schaffen.
Nicht *unsere* eigene Ehre wollen wir suchen.
Nicht *uns* gehört die Erde.

Nicht *wir* machen die Gesetze der Natur.
Nicht in *unserer* Hand liegt unser Leben.
Nicht *wir* haben über Leben und Tod zu bestimmen.
Wir sind eingeladen zum ewigen Fest bei dir.

V/A Dein ist die Kraft. *(jedes Mal)*
Deine Kraft kommt in unserer Schwachheit zur Vollendung.
Deine Kraft geht alle unsere Wege mit.
Deine scheinbare Ohnmacht ist stärker als wir.
Deine Kraft sprengt Grenzen und Mauern.
Gebete haben eine größere Wirkung als Raketen.
Im Kreuz deines Sohnes ist der Sieg über den Tod.
Du trägst uns über alle Abgründe hinweg.
Dein Geist kann Großes durch uns wirken.

V/A Dein ist die Herrlichkeit. *(jedes Mal)*
Sie übersteigt alle Vorstellungen und Erwartungen.
Die Liebe wird am Ende alles überdauern.
Wir werden über alle Maßen glücklich sein.
Wir werden schauen und staunen, lieben und loben.
Mit all deinen Geschöpfen beten wir dich an, Vater.

Zur Besinnung: Wo denke ich noch viel zu klein von Gott? Wo mangelt es mir an Vertrauen und Hingabe?

Stille

V Gott du bist gut!
A Dein ist das Reich und die Kraft und die Herrlichkeit in Ewigkeit.

Vaterunser-Kanon

Dazu wird von V gesprochen:
Dein ist das Reich und die Kraft und die Herrlichkeit in Ewigkeit.

Rose wird zum Altar gebracht

V Lasst uns nun, vereint mit Maria, beten, wie der Herr uns gelehrt hat.

A Vater unser im Himmel, geheiligt …

Schlußgebet

V Gepriesen bist du, Herr, Vater im Himmel. Du hast uns Jesus geschenkt, deinen Sohn, geboren von einer Frau. Er ist unser Retter und Freund, unser Bruder und Erlöser. Lass alle deine Söhne und Töchter erfahren, dass sie auf ihrem Weg zu dir, dem letzten Ziel des Menschen, eine Begleiterin haben, die es gut mit ihnen meint: Maria, die Ikone der reinen Liebe, die du im Voraus erwählt hast, Mutter Christi und Mutter der Kirche zu sein. (Johannes Paul II.) Amen.

Segen

Schlusslied

3. Die Krüge füllen. In Familie investieren.

Hinweise
Diese Andacht, bei der eine Gruppe von Kindern das Evangelium pantomimisch inszeniert, eignet sich besonders für Anlässe wie Muttertag, Familienwallfahrt, Familientag oder Pfarrfest. Die Lieder werden am besten von einer Musikgruppe oder mit Gitarre begleitet.
Die Noten zu den verwendeten Liedern stehen bei »Bausteine« (Kap. »Liedrufe und Gesänge«).
Regieanweisungen: L = Leiter, S = Sprecher/in, M = Mutter, V = Vater, G = Großmutter / Großvater, J = Jugendliche/r, K = Kind, A = Alle

Lied

1. Selig seid ihr, wenn ihr einfach lebt. Selig seid ihr, wenn ihr Lasten tragt. Selig seid ihr, wenn ihr lieben lernt. Selig seid ihr, wenn ihr Güte wagt. Selig seid ihr, wenn ihr Leiden merkt. Selig seid ihr, wenn ihr ehrlich bleibt. Selig seid ihr, wenn ihr Frieden macht. Selig seid ihr, wenn ihr Unrecht spürt.

2. Selig seid ihr, wenn ihr Wunden heilt, Trauer und Trost miteinander teilt. Selig seid ihr, wenn ihr Krüge füllt, Hunger und Durst füreinander stillt. Selig seid ihr, wenn ihr Fesseln sprengt, arglos und gut, voneinander denkt. Selig seid ihr, wenn ihr Schuld verzeiht, Stütze und Halt aneinander seid.[2]

Begrüßung / Einführung

Bezug auf Anlass und Teilnehmerkreis der Feier herstellen.

L Was wären wir ohne die Familien, aus denen wir stammen und in denen wir leben! Wir sind gekommen, um Gott zu danken und ihn zu bitten für alle, die zu uns gehören. Dabei schauen wir auf Maria, die Mutter Jesu. Bei ihr ist er aufgewachsen. Bei ihr war er zuhause. Und er wollte, dass sie mütterlich weiterwirkt in der großen Familie seiner Jüngerinnen und Jünger.

Gebet

S1 Gott unser Vater, du bist die Liebe und das Leben.

A Du bist der Ursprung jeder Gemeinschaft. Du willst nicht, dass der Mensch allein da steht.

V Jede und jeder von uns ist ein Geschenk von dir, ein Original. So ahnen wir etwas von deiner Fantasie als Schöpfer.

A Wir danken dir.

M Danke für unsere Kinder. Es ist schön, dass wir sie haben und in das Leben begleiten dürfen.

A Wir danken dir.

K1 Danke für meine Eltern und für mein Zuhause.

A Wir danken dir.

V Danke, dass ich sehen kann, wie meine Kinder ihre Fähigkeiten entfalten, wie sie selbständig werden und Aufgaben anpacken.

A Wir danken dir.

J1 Danke, dass ich mich auf meine Eltern verlassen kann. Danke, dass wir über alles offen reden können.

A Wir danken dir.

G1 Danke für unsere Enkel. Ohne sie wäre unser Leben ärmer.

A Wir danken dir.

G2 Wir werden noch gebraucht. Die Kleinen kommen gern zu uns. Danke, Herr!

A Wir danken dir.

J2 Danke, dass ich nicht rausgeworfen werde, wenn ich etwas verbockt habe.

A Wir danken dir.

K2 Danke, dass meine Mama Spaß versteht und dass sie mich tröstet, wenn ich traurig bin.

A Wir danken dir.

K3 Danke, dass wir miteinander spielen und toben können.

A Wir danken dir.

G1 Danke für alle Generationen, die hier vertreten sind. Jede Generation braucht die andere.

A Wir danken dir.

G2 Danke für alles, was uns Mut macht und weiterhilft. Wir können Freude und Leid miteinander teilen.

A Wir danken dir.

V Danke für unseren Glauben. Er macht uns stark und gibt uns Halt in jeder Lage.

A Wir danken dir.

M Danke, dass du uns schon oft geholfen hast. Wir spüren, dass du, Gott, zu unserer Familie dazu gehörst.

A Wir danken dir.

S2 Danke, dass wir uns (heute an diesem Tag) als große Familie erleben dürfen. Danke für die Begegnungen und Gespräche.

A Wir danken dir.

S1 Herr, unser Gott, die Zukunft unserer Gesellschaft und unserer Kirche entscheidet sich in der Familie.

A Als dein Sohn in diese Welt kam, hat er in einer Familie sein Leben begonnen.

S2 In der Familie – mit Maria und Josef – ist er herangewachsen.

A In der Familie begann die Erlösung der Welt.

S1 Bei einer Hochzeit – bei der Gründung einer Familie – tat er sein erstes Zeichen auf die Bitte seiner Mutter hin.

A In der Familie beginnt die Verwandlung der Welt.

L Lasst uns die Mutter des Herrn grüßen, die dabei war, als er in dieser Welt zu leben und zu wirken begann.

A Maria, du bist auch heute dabei. Du gehörst zu uns.

L Gegrüßet seist du, Maria …

A Heilige Maria, Mutter Gottes …

Marienrufe

V/A Mutter Gottes, wir rufen zu dir.

V Du hast den Erlöser geboren.

A Maria, wir rufen zu dir.

V Er hatte bei dir ein Zuhause.
Er hat die Familie geheiligt.
Du kennst seine Kindheit und Jugend.
In Liebe mit Josef verbunden.
Du weißt um die Sorgen des Alltags.

V/A Mutter Gottes, wir rufen zu dir.

V Schenk Eintracht in unsern Familien.

Steh Vätern und Müttern zur Seite. Verwehre den Sieg allem Bösen. Beschütze den Frohsinn der Kinder. Bestärke die Jugend im Glauben. Gib Hoffnung den Alten und Kranken.

V/A Mutter Gottes, wir rufen zu dir.

Evangelienspiel zu Joh 2,1–11

Mit Kindern inszeniert, mit dem folgenden Lied (Melodie siehe »Bausteine 2.14«)

1. Wenn Hochzeit ist, wenn Hochzeit ist, dann gibt es eine Feier.
Der Mann trägt den Zylinderhut, die Braut trägt einen Schleier.
Zur Feier, zur Feier, da trägt die Braut den Schleier.

2. Wenn Hochzeit ist, wenn Hochzeit ist, da kommen viele Gäste
und wünschen heut dem jungen Paar von Herzen nur das Beste.
Die Gäste, die Gäste, die wünschen ihm das Beste.

3. Gesundheit, Kinder und viel Glück und gut zusammenleben.
Ihr sollt euch lieben allezeit, das möge Gott euch geben!
Ein glückliches Leben, das möge Gott euch geben!

4. Als grad das Fest am schönsten ist, da sind die Krüge leer.
So gibt es keinen Tropfen Wein für all die Gäste mehr.
Seht her, seht her! Die Krüge, die sind leer!

5. Maria spürt die Not des Paars. Wer kann hier Helfer sein?
Sie eilt zu Jesus hin und sagt: »Sie haben keinen Wein!«
Maria glaubt allein: Der Herr schenkt besten Wein.

6. Und Jesus schaut sie lächelnd an: Was willst du, Frau, von mir?
Ihr Bitten rührt sein gutes Herz. Der Vater spricht aus ihr.
Was nun? Was nun? Was wird der Herr jetzt tun?

7. Maria sagt zur Dienerschar: Verzagt jetzt nicht! Habt Mut!
Hört zu, was Jesus zu euch sagt! Und was er sagt, das tut!
Habt Mut! Habt Mut! Und was er sagt, das tut!

8. Füllt Wasser in die Krüge ein vom Brunnen vor dem Haus!
Die Diener tun, was Jesus sagt, obwohl sie's nicht versteh'n.
Sie gehen, sie gehen, obwohl sie's nicht versteh'n.

9. Aus Wasser wurde guter Wein. Der Wein ist gut und schwer.
Und jeder, der den Wein probiert, der lobt ihn immer mehr.
Seht her, seht her! Man lobt ihn immer mehr!

10. Sechs Krüge voll bis hin zum Rand mit allerbestem Wein.
Ein Zeichen seiner Herrlichkeit! Das muss ein Wunder sein.
Aus Wasser wird Wein. Das muss ein Wunder sein!

11. Wenn uns der Wein zu Ende geht, woll'n wir zu Mutter gehen.
Wir sagen alles im Gebet. Sie kann uns gut verstehen.
Sie wird bei Jesus flehen, das Wunder wird geschehen.

Ansprache / Auslegung *(fakultativ)*

Lied

Melodie: siehe »Bausteine« ‹II.2.17›

Refrain: Maria, wenn wir die Krüge füllen und du, und du, und du bist dabei, werden Wunder möglich: Hier und jetzt wird Wasser zu kostbarem Wein.

1. Bei jedem Beginnen: Du bist dabei! Wo Liebe wir säen: du bist dabei! In unsern Familien: Du bist dabei! In jeder Beziehung: Du bist dabei!

Refrain

2. Beim Leben und Feiern: Du bist dabei! Wo Menschen uns brauchen: Du bist dabei! In all unsern Fragen: Du bist dabei! Wenn Sorgen uns lähmen: du bist dabei!

Refrain

3. Wo Menschen Gott suchen: Du bist dabei! Wo Leben bedroht ist: Du bist dabei! Wo Zeugnis wir geben: Du bist dabei! Was immer geschehen mag: Du bist dabei!

Refrain

Gebet

L Herr, du hast zuerst in Familie investiert, bevor du den Erlösungsweg für die Menschheit gegangen bist. Die dreißig Jahre, die du in deiner Familie in Nazaret zugebracht hast, sind eine starke Botschaft.

A Herr, wir danken dir, dass dir die Familie so wichtig ist. Sei auch heute die Mitte unserer Familie.

L Es lohnt sich, wenn wir in Familie investieren; denn stabile Familien und gestärkte Kinder mit innerer Orientierung bedeuten unsere Zukunft als Menschheitsfamilie.

A Hilf uns, diese große Zukunftsaufgabe täglich neu anzupacken.

L Wer eine Familie hat, hat sein erstes und wichtigstes Aufgabenfeld als Christ.

A Gib unseren Familien festen Halt im Glauben und in der Liebe.

L Wer keine eigene Familie hat, kann auf vielfache Weise etwas für Familien tun.

A Mach uns erfinderisch im Einsatz für Familien.

L Du sagst: »Füllt die Krüge!«

A Wir wollen tun, was du uns sagst.

Krug-Ritus

Dieser Vorgang braucht eine angemessene Zeit. L *lädt etwa mit folgenden Worten dazu ein:*

L Ich lade dazu ein, dass jetzt alle in Stille überlegen: Wie kann ich meine oder eine andere Familie konkret unterstützen? Diese Idee / diesen Vorsatz kann ich auf einen Zettel schreiben und dann in den Krug werfen, wenn er herumgereicht wird. Niemand liest, was auf den Zetteln steht. Sie werden nach der Feier verbrannt. Halten wir also jetzt eine Zeit der Stille. Dabei kann jede/r in Ruhe für eine ganz bestimmte Familie beten.

Jetzt werden Zettel und Stifte ausgeteilt.
Die Stille wird durch meditative Musik unterlegt, z. B. kann man das Lied »Maria, wenn wir die Krüge füllen« jetzt instrumental anklingen lassen.
Nach 2 – 3 Minuten geht **K** *mit dem Krug durch die Reihen zum Einwerfen der Zettel und stellt ihn gut sichtbar vor den Altar bzw. das Marienbild.*

L Herr, nimm an, was wir aufgeschrieben haben.
A Mach es zum Segen für unsere Familien.
S1 Wer in Politik, Gesellschaft, Medien und Bildungsarbeit Verantwortung trägt, ist gut beraten, wenn er sich für die Stärkung der Familie einsetzt.
A Wecke in unserer Gesellschaft einen neuen Sinn für den unersetzbaren Wert der Familie.
S2 Wer in seiner Jugendzeit in Freundschaft lebt, tut gut daran, Ehe und Familie im Blick zu haben.
A Hilf unserer Jugend, so zu leben, dass langfristig gute Ehen und glückliche Familien entstehen können.
S1 Wer in der Seelsorge tätig ist, kann mitbauen an einer familienhaften Kirche.
A Herr, schenke uns gute, väterliche Priester.
S2 Wir brauchen große und kleine Bündnisse für Familien, zusammen mit vielen positiven Initiativen in unserem Land.
A Herr, gib uns einen klaren Blick für das, was unsere Zeit erfordert.
L Gib uns Mut und Phantasie, Besonnenheit und Geduld, wenn es darum geht, in Familie zu investieren.
A Zeige uns, wo du uns brauchst, und sende uns neu in unseren Alltag. Amen.

Vaterunser

L Das Gebet der großen Familie Gottes hat uns Jesus selbst gelehrt:
A Vater unser im Himmel …

Segen

Schlusslied

Melodie siehe »Bausteine« ⟨II.2.15⟩

1. Gottes guter Segen sei mit euch. Gottes guter Segen sei mit euch. Um euch zu schützen, um euch zu stützen auf euren Wegen.

2. Gottes guter Segen sei vor euch. Gottes guter Segen sei vor euch. Mut, um zu wagen! Nicht zu verzagen auf allen Wegen.

3. Gottes guter Segen über euch. Gottes guter Segen über euch. Liebe und Treue immer aufs Neue auf euren Wegen.

4. Gottes guter Segen sei mit euch. Gottes guter Segen sei mit euch. Heute und morgen seid ihr geborgen auf allen Wegen.

Nach der Feier werden die Zettel »feierlich« verbrannt (natürlich nicht in der Kirche). Dieser »Ritus«, den man mit einer kleinen »Prozession« zum Ort des Verbrennens inszenieren kann, macht erfahrungsgemäß nicht nur den Kindern Freude.

4. Nicht viele, aber wichtige Worte. Andacht über die sechs Worte Marias

Lied

Einleitung

S Im Neuen Testament sind uns an sechs Stellen Worte aus dem Mund der Mutter Jesu überliefert. Sie regen uns zum Nachdenken und zum Beten an.

Erstes Wort

S Der Engel sagte zu ihr: »Fürchte dich nicht, Maria, du wirst ein Kind empfangen, einen Sohn wirst du gebären: dem sollst du den Namen Jesus geben … Seine Herrschaft wird kein Ende haben. Maria sagte zu dem Engel: **Wie soll das geschehen, da ich keinen Mann erkenne?**« (Lk 1, 30–34)

V Du hattest dein Leben anders geplant, Maria. Und jetzt hörst du, dass Gott etwas Großes, etwas Unglaubliches mit dir vorhat.

A Du stellst es nicht infrage. Aber du fragst, wie das geschehen soll.

V Es ist wichtig, dass wir Fragen stellen. Nur so kommen wir weiter.

A Hilf uns, Maria, unseren Glauben fragend zu vertiefen.

V Wir können Vieles nicht verstehen.

A Wir können nur staunen und uns führen lassen. Mit mancher ungelösten Frage müssen wir leben.

V Oft kommen wir an unsere Grenzen. Dann fragen wir: Wie soll ich das schaffen? Wie soll es weitergehen?

A Gib uns dann etwas von der Kraft deines Glaubens, Maria!

V Viele Menschen haben aufgehört zu fragen. Sie haben resigniert und meinen, es hilft ja doch niemand.

A Hilf du ihnen weiter. Öffne ihr Herz, weite ihren Blick, wecke in ihnen neues Vertrauen.

V Welche Fragen gehen mir zur Zeit im Kopf herum? Ich darf sie in Stille aussprechen.

Stille

V Heilige Maria, du bist uns nahe, wenn uns das Leben mit neuen Situationen konfrontiert.
A Du fragende Frau, bitte für uns!

Lied

Zweites Wort

S Der Engel antwortete ihr: »Der Heilige Geist wird über dich kommen und die Kraft des Höchsten wird dich überschatten. ... Denn für Gott ist nichts unmöglich.« Da sagte Maria: **»Ich bin die Magd des Herrn, mir geschehe, wie du es gesagt hast.«** (Lk 1, 35a.37.38)
V Du glaubst an einen Gott, für den nichts unmöglich ist. Du setzt dem Wirken des Heiligen Geistes keine Grenzen.
A Selig bist du, Maria! Du hast geglaubt, dass sich erfüllt, was der Herr dir sagen ließ. (vgl. Lk 1, 45)
V Wir sind eher ängstlich und zögerlich, wenn wir spüren, dass Gott uns ruft.
A Du bist mutig und entscheidungsfreudig, Maria.
V Noch bevor dein Sohn uns beten lehrte: »Vater unser ... dein Wille geschehe«, hast du dein Ja zum Willen Gottes gesprochen.
A Hilf uns, Ja zu sagen zu Menschen oder Situationen, wenn wir uns lieber verschließen möchten.
V Viele Jugendliche tun sich schwer, eine verbindliche Entscheidung zu treffen. So viele Wege stehen ihnen offen.
A Hilf ihnen bei der Wahl ihres Berufes. Hilf ihnen, den Menschen zu finden, an den sie sich für immer binden.
V Auch heute ruft Gott Menschen in seinen Dienst und zu einem Leben in ungeteilter Hingabe.
A Hilf allen Berufenen, ihren Weg in Treue zu gehen.
V Wo ringe ich zurzeit um ein Ja zum Willen Gottes?

Stille

V Wenn nicht geschieht, was wir wollen, kann immer noch geschehen, was Gott will. Dann hilf uns mit dir zu sprechen:

A Mir geschehe nach deinem Wort.

Lied

Drittes Wort

S »Als seine Eltern ihn sahen, waren sie sehr betroffen, und seine Mutter sagte zu ihm: **Kind, wie konntest du uns das antun? Dein Vater und ich haben dich voll Angst gesucht.«** (Lk 2, 48)

V »Wie konntest du nur ....« Aus deiner Frage spricht ein Nicht-Verstehen und ein tiefer Schmerz.

A Auch wir stehen manchmal fassungslos da.

V »Wie kann Gott nur so etwas zulassen«, fragen sich viele Menschen, wenn sie von einem schweren Schicksalsschlag betroffen sind.

A Du kennst solche Fragen. Du gehst die schweren Wege des Suchens mit, wenn wir Gott aus den Augen verloren haben und keinen Sinn erkennen können.

V Eltern und ihre heranwachsenden Kinder haben es oft schwer miteinander. Sie verstehen einander nicht mehr. Da fallen harte Worte. Da fließen Tränen. Da knallen Türen zu.

A Du verstehst beide Seiten. Hilf ihnen zu neuem Verstehen und zu einem respektvollen Miteinander.

V Du weißt um die bangen Fragen in Wartesälen, in Krankenhäusern, an Sterbebetten und an Gräbern.

A Steh allen zur Seite, die ein schweres Kreuz zu tragen haben.

V Für wen möchte ich jetzt besonders beten?

Stille

V Im Tempel hast du Jesus wiedergefunden.

A Lass uns alle für immer im Haus des Vaters wohnen.

Lied

Viertes Wort

S »In Kana in Galiläa fand eine Hochzeit statt, und die Mutter Jesu war dabei. Auch Jesus und seine Jünger waren zur Hochzeit eingeladen. Als der Wein ausging, sagte die Mutter Jesu zu ihm: **Sie haben keinen Wein mehr.**« (Joh 2, 1–3)

V Dir entgeht nicht die peinliche Situation der Brautleute. Du wendest dich an deinen Sohn. Du bist überzeugt, dass er helfen kann. Und er hilft.

A Trage auch unsere Nöte zu ihm.

V Du hast seitdem nie aufgehört, für uns zu bitten. Deine Fürsprache ist ein mütterlicher Dienst der Liebe.

A Gut, dass wir eine solche Fürsprecherin haben.

V Damals mangelte es an Wein. Du siehst, was uns heute fehlt, Maria.

A Bitte für uns!

V Es fehlt an Lösungen für eine gerechte Weltwirtschaftsordnung.

A Bitte für uns!

V Wir stecken in der Schuldenfalle.

A Bitte für uns!

V Millionen Menschen haben nicht das Nötigste zum Leben.

A Bitte für uns!

V Wo alles nur als relativ betrachtet wird, haben Christen es schwer, für die Wahrheit des Evangeliums einzutreten. Widerstand und Feindschaft sind vorprogrammiert.

A Bitte für uns!

V Es fehlt an gemeinsamen Überzeugungen und Konzepten für einen wirksamen Schutz des Lebens.

A Bitte für uns!

V Wie oft geht uns im Umgang miteinander die Geduld aus!

A Bitte für uns!

V Was fehlt mir zurzeit am meisten?

Stille

V Der Herr hat in Kana auf deine schlichte Bitte hin eine Überfülle an köstlichem Wein geschenkt. Er will uns auch heute Segen in Fülle schenken.

A Bitte für uns!

Lied

Fünftes Wort

S »Seine Mutter sagte zu den Dienern: **Was er euch sagt, das tut!**« (Joh 2, 5)

V Das ist das einzige von dir überlieferte Wort, das du zu den Menschen gesprochen hast.

A Aber darin ist alles enthalten, was du uns zu sagen hast.

V »Wer den Willen meines himmlischen Vaters erfüllt, der ist für mich Bruder und Schwester und Mutter«, sagt Jesus später.

A Dein Leben ist ein einziger Hinweis auf ihn.

V Rufe uns die Worte Christi immer dann in Erinnerung, wenn wir in Gefahr stehen, sie zu vergessen oder zu überhören.

A Rufe uns zur Umkehr, wenn wir den Weg Jesu verfehlen.

V Rufe uns zum Gebet, wenn wir den Kontakt mit Jesus verlieren.

A Hilf uns erkennen, was er uns durch die Zeichen der Zeit sagen will.

V Was sagt er mir in meiner jetzigen Situation?

Stille

V Manchmal fällt es uns schwer, das klar Erkannte auch wirklich in die Tat umzusetzen. Lass uns nicht bei schönen Worten stehen bleiben.

A Hilf uns tun, was dein Sohn uns sagt.

Lied

Sechstes Wort

S Das umfangreichste Wort Marias soll am Schluss stehen. Es ist ihr Lobgesang (Lk 1, 46–55). Das Magnifikat lässt uns ahnen, was Maria in ihrem Herzen empfunden hat.

V Deine Worte, Maria, kommen aus einem reinen, übervollen Herzen, das an Gott hängt und ihm für seine Großtaten dankt.

A Leidenschaftlich und prophetisch ergreifst du Partei für die Niedrigen und Armen und preist Gottes Treue und Barmherzigkeit.

V Dein Magnifikat ist zum festlichen Lied der Kirche geworden. Es wird täglich in der Vesper gesungen. Bevor wir es jetzt mit dir singen, wollen wir uns in Stille die Wohltaten bewusst machen, die wir von Gott empfangen haben und für die wir ihn loben und preisen wollen.

Stille

V Und nun, Maria, stimme dein Loblied an. Wir wollen es mit dir zur Ehre Gottes singen:

Kehrvers:

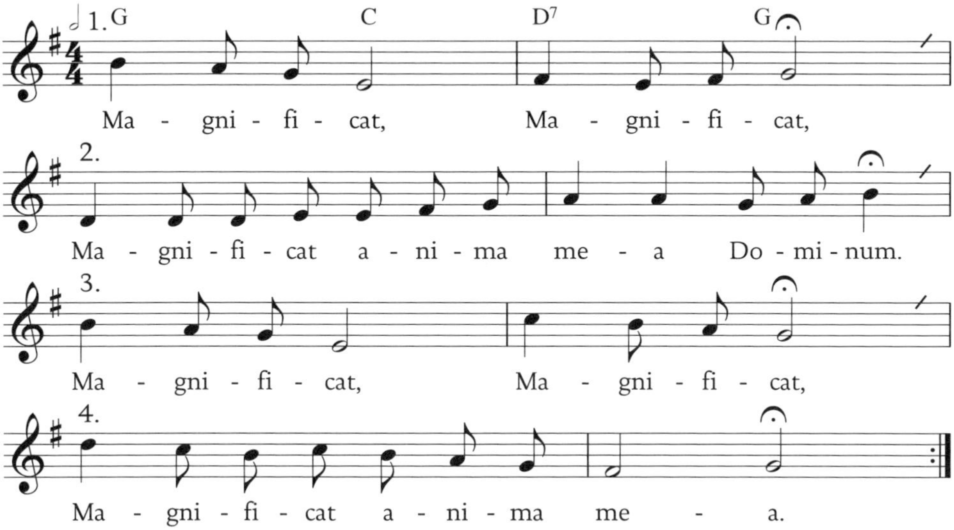

Text: Lukas 1,46 / Melodie: Jacques Berthier (1923–1994)

Meine Seele preist die Größe des Herrn, *
und mein Geist jubelt über Gott, meinen Retter.
    Denn auf die Niedrigkeit seiner Magd hat er geschaut. *
    Siehe, von nun an preisen mich selig alle Geschlechter.
Denn der Mächtige hat Großes an mir getan, *
und sein Name ist heilig.
    Er erbarmt sich von Geschlecht zu Geschlecht *
    über alle, die ihn fürchten.

Er vollbringt mit seinem Arm machtvolle Taten: *
er zerstreut, die im Herzen voll Hochmut sind;
    er stürzt die Mächtigen vom Thron *
    und erhöht die Niedrigen.
Die Hungernden beschenkt er mit seinen Gaben *
und lässt die Reichen leer ausgehen.
    Er nimmt sich seines Knechtes Israel an *
    und denkt an sein Erbarmen,
das er unsern Vätern verheißen hat, *
Abraham und seinen Nachkommen auf ewig.
    Ehre sei dem Vater und dem Sohn *
    und dem Heiligen Geist.
Wie im Anfang, so auch jetzt und alle Zeit *
und in Ewigkeit. Amen.

KV Kanon

Vaterunser

V Wir haben die Worte Marias bedacht. Nun lasst uns mit den Worten Jesu zum Vater beten:

V/A Vater unser …

Segen

Schlusslied

5. Mit dem Herzen sehen. Spurensuche mit Maria

Hinweise:
Diese Andacht bietet im zweiten Teil (Lobpreis, Betrachtung, Anbetung) viel Stoff. Es empfiehlt sich, diese thematischen Abschnitte auf mehrere Andachten aufzuteilen, vor allem dann, wenn z. B. im Mai öfter Andachten gehalten werden. Wenn man die Texte unterwegs bei einer Wallfahrt vorbeten möchte, übernimmt V auch die A-Stellen. Die Mitpilger/innen werden eingeladen, jeweils einen kurzen passenden Antwortruf zu sprechen, den man vorher ansagt. Oder man spricht bzw. singt den Liedruf »Du, Herr, bist ein Gott des Lebens.«
S = Sprecher/in, V = Vorbeter/in, A = Alle

Lied

Melodie siehe »Bausteine« ⟨II.2.16⟩

1. Gehet nicht auf in den Sorgen dieser Welt,
suchet zuerst Gottes Reich,
und alles andere wird euch dazugeschenkt,
Halleluja, halleluja.
KV: Halleluja …

2. Seht auf Maria, die uns den Herrn gebar,
weil sie dem Wort Gottes glaubte!
Sie brachte Licht in das Dunkel dieser Welt:
Christus, der alle erleuchtet.
KV: Halleluja …

Einführung

S1 Das vorausschauende Planen gehört zum Leben:
Lebensplanung und Familienplanung,
Karriereplanung und Urlaubsplanung,
Diätwochen und Altersvorsorge.

Wir planen die Ausbildung und den Hausbau,
das neue Auto und den Kinobesuch.
Aber wer fragt nach Gottes Plan mit mir,
mit uns und unserer Welt?
Wer orientiert sich an Seinem Willen?
Wer rechnet mit Seinem Eingreifen?
Wer vertraut auf Seine Hilfe,
wenn die eigenen Pläne durchkreuzt worden sind?

S2 Vorsicht, Vorsehung, rufst du uns zu, Maria.
Vergesst nicht, dass der Vater im Himmel eigene Pläne hat!
Seine Vorsehung ist größer und klüger als alle Pläne dieser Welt.
Seht, wie er euch sieht,
wie er für euch sieht,
voraus und hinein,
zusammen und nach.

Aus: Treutlein / Emge, »Die Frau, die mich zu Christus führt« Band IV, S. 218 © Echter Verlag.

Lied

Melodie s. o.

3. Selig die Frau, die die Wege Gottes geht,
ohne ihn gleich zu verstehen!
Selig die Menschen, die alles, was geschieht
in ihrem Herzen bewahren!
KV: Halleluja …

Schriftwort

Lk 2, 41–52

Betrachtung

S1 Eine dreitägige schmerzliche Suche wird Maria und Josef zugemutet. Der 12-Jährige geht eigene Wege. Und als sie ihn im Tempel finden, bleibt er die Antwort auf die Frage seiner Mutter schuldig. »Warum habt ihr mich gesucht? Wusstet ihr nicht …?«

Als ob sie es hätten wissen müssen, wo er zu finden ist: In dem, was seinem Vater gehört. Als ob es so leicht wäre, zu wissen, wo das ist, wie das ist, was das ist …

Wo ist der Vater? Wie ist er zu finden? Was hat er vor? Wie kann man erkennen, was er will, was er vorhat?

Der junge Jesus ist seinem himmlischen Vater auf der Spur. Maria und Josef stehen vor einem Geheimnis. »Sie aber verstanden nicht, was er ihnen sagen wollte.« Sie haben ihn zwar gefunden, aber es beginnt für sie ein neues Suchen und Tasten, ein Lernprozess. »Seine Mutter bewahrte alles, was geschehen war, in ihrem Herzen.«

Die Ereignisse bedenken, im Herzen bewegen, fragend ins Gebet nehmen – das ist typisch für Maria. Und zentral für den Glaubensweg eines jeden Christen. Ich verstehe vieles nicht. Manches vielleicht später. Oder nie. Aber ich muss nicht alles verstehen. Ich darf Spuren lesen, mit dem Herzen sehen lernen und mich führen lassen.

Stille (evtl. leise Musik)

Wechselgesang

Melodie: siehe »Bausteine« ⟨II.2.18⟩

V Frau, die die Nöte spürt,
Weg, der zu Christus führt,
A Frau, sei uns Menschen nah.
Hilf, Maria!
V Hoffnung, die das Herz erfüllt,
Treue, die dem Vater gilt.
A Frau, sei uns Menschen nah.
Hilf, Maria!

V Blick, der die Spuren sieht,
Spur, die durchs Leben zieht

A Frau, sei uns Menschen nah.
Hilf, Maria!

V Schwester voller Glaubenskraft,
Glaube, der gelassen macht.

A Frau, sei uns Menschen nah.
Hilf, Maria!

V Schoß der Barmherzigkeit
Schild der Geborgenheit

A Frau, sei uns Menschen nah.
Hilf, Maria!

V Stimme, die zum Guten drängt,
Wärme, die die Welt umfängt.

A Frau, sei uns Menschen nah.
Hilf, Maria!

Gebet

V Was auf den ersten Blick nicht zu verstehen ist, trägt Gottes Handschrift.

A Das war deine Überzeugung, Maria. Das ist das Geheimnis deines Erfolges.

V »Maria aber bewahrte alles, was geschehen war, in ihrem Herzen und dachte darüber nach.« (LK 2,19)

A Du hast Spurensuche betrieben. Du hast den Gott deines Lebens gesucht – zu verstehen gesucht.

V Du hast vertraut: Der Vater im Himmel sorgt. Ich muss nicht alles gleich verstehen. Er macht alles gut.

A Hilf uns, Maria, die Handschrift Gottes in unserem Leben zu entziffern.

V Was du in der Stunde deiner Berufung gesagt hast, ist im ganzen Evangelium das schönste Wort der Gelassenheit: »Ich bin die Magd des Herrn. Mir geschehe, wie du es gesagt hast.«

A Lehre uns, wie wir auf Gottes liebende Vorsehung vertrauen können.

V Zeige uns, wie wir uns vom Geist Gottes führen lassen können.

A Nimm uns die Angst und schenke uns deine gläubige Gelassenheit.

V Jungfrau, Mutter Gottes mein, lass mich ganz dein Eigen sein.

A Dein im Leben und im Tod, dein in Unglück, Angst und Not.

V Dein in Kreuz und bittrem Leid, dein für Zeit und Ewigkeit.
A Jungfrau, Mutter Gottes mein, lass mich ganz dein Eigen sein.

Lobpreis, Betrachtung und Anbetung

(Hier kann das Allerheiligste ausgesetzt werden)

Lied

Melodie: siehe »Bausteine« ⟨II.2.19⟩

1. Suche Gottes Spuren, frage nach dem Sinn!
Wo du bist und hingehst: Gott ist mittendrin.
Er will dir begegnen, ist dir immer nah,
zeigt durch viele kleine Zeichen: Ich bin für dich da!

2. Arbeit oder Freizeit – Gott ist mit dabei,
und in jedem Menschen zeigt er sich dir neu.
Zufall oder Fügung? Schicksal oder Plan?
Geh auf Spurensuche, schau die Zeichen Gottes an!

3. Tief im Herzen spürst du: Gott ist mittendrin.
Auch durch deine Grenzen findest du zu ihm.
Dein Erlebnis heute, führt dich in sein Herz:
Freude, Glück und Liebe, oder Sorge, Leid und Schmerz.

Gebet

V Herr Jesus Christus, unsere Augen sehen Brot.
A Doch unser Glaube bekennt: Du bist da.
V Wir sehen nur das Heute.
A Du siehst auch, was morgen ist.
V Wir sehen nur Bruchstücke.
A Du siehst das Ganze.

V Wir sehen die Probleme.
A Du weißt die Lösungen.
V Wir wissen nicht, was wirklich gut für uns ist.
A Du sagst: »Euer Vater weiß, was ihr braucht.«
S Was möchte ich heute dem Gott meines Lebens in Stille sagen?

Stille

V Sorgen, Leiden, Ängste, Fragen und Probleme wird es in dieser Welt immer geben. Aber mit all ihren natürlichen Ursachen sind sie doch einer höheren Macht unterworfen.
A Alles ist in deiner Hand. Jeder Mensch, auch ich. Danke, dass du da bist.
V Du bist der ruhende Pol unseres Lebens. Unsere Zukunft ist nicht dem Zufall überlassen.
A Du Brot des Lebens,
du Gott des Lebens,
wir beten dich an. Amen.

Liedruf

V/A Du, Herr, bist ein Gott des Lebens; überall sind Spuren von dir. *(Melodie: GL 712,1)*

Gebet: Gott in der Natur

V1 Spatzen und Lilien, Sonne und Wind, Wolken und Regen, Tag und Nacht, Berg und See … Jesus, für dich war dies alles »durchlässig« auf den Vater hin.
A Seine Stimme aus der Natur zu vernehmen – diese Kunst wolltest du uns lehren.
V2 »Sobald ihr im Westen Wolken aufsteigen sehr, sagt ihr: Es gibt Regen. Und es kommt so. Und wenn der Südwind weht, dann sagt ihr: Es wird heiß. Und es trifft ein … Das Aussehen der Erde und des Himmels könnt ihr deuten. Warum könnt ihr dann die Zeichen der Zeit nicht deuten?« (Lk 12,54 ff)

A Herr, hilf uns, deine Stimme aus den Vorgängen und Beobachtungen in der Natur zu vernehmen: aus Blumen und Regenbogen, Sturm, Schnee, Gewitter, Abendrot.

V1 Eine Überschwemmung, ein Orkan, ein Vulkanausbruch. – Was willst du uns dadurch sagen? Welche Antwort können wir dir geben?

Kurze Stille

Liedruf

V/A Du, Herr, bist ein Gott des Lebens; überall sind Spuren von dir. *(Melodie: GL 712,1)*

Gebet: Gott in der Begegnung mit Menschen

V1 Jesus, 30 Jahre hast du mit deinen Eltern gelebt. Später wurden die Apostel deine besonderen Freunde.

A Du hast dich zum Essen einladen lassen oder zu einer Hochzeit. Du hast getrauert mit Maria und Martha um ihren Bruder Lazarus.

V2 Auch das schwierige Miteinander war dir nicht fremd: Die Pharisäer und Sadduzäer führten Streitgespräche mit dir und bedrängten dich mit hartnäckigen Fragen.

A Als dir der Hass entgegenschlug, wusstest du: Auch das gehört zu deinem Weg, den der Vater vorgesehen hat.

V1 Am Ende des Gleichnisses vom barmherzigen Samariter sagst du – auch zu uns: »Dann geh und handle genauso!« (Lk 10, 37)

A Lass uns in den Begegnungen mit Menschen dich spüren: deine Zuwendung und Güte, deine Zumutungen und Herausforderungen, deine Einladung zu Großmut und Eingeständnis der eigenen Grenzen.

V2 Guter Gott, es ist schön, im Miteinander von deiner Liebe berührt zu werden. Aber oft ist es nicht leicht, dich hinter den anderen zu sehen.

A Hilf uns, dir dann nicht auszuweichen.

Kurze Stille

Liedruf

V/A Du, Herr, bist ein Gott des Lebens; überall sind Spuren von dir. *(Melodie: GL 712,1)*

Gebet: Gott in Beruf und Arbeit

V1 Jesus, dir war das Berufsfeld von Bauern und Winzern, Hausfrauen und Hirten, Zöllnern, Verwaltern und Richtern vertraut, und du selbst hast als Zimmermann Hand angelegt.

A Die Arbeitswelt spielte in deiner Verkündigung eine beträchtliche Rolle.

V2 Alltägliche Arbeit wie Backen, Säen, Kleiderflicken dienten dir als Anschauung für die Botschaft vom Gott des Lebens, dem wir überall begegnen können.

A Du mühtest dich ab für das Reich Gottes und sandtest auch deine Apostel dazu aus.

V1 Der Evangelist Markus berichtet, wie sie von ihrem Einsatz zurückkamen und dir erzählten, was sie getan und gelehrt hatten. Er fügt hinzu: »Sie fanden nicht einmal Zeit zum Essen, so zahlreich waren die Leute, die kamen und gingen«. (Mk 6, 31)

A Hilf uns, die Arbeit, die Technik mit allem, was dazugehört als eine Gelegenheit verstehen lernen, mit dir im Dialog zu sein.

V2 »APS – **A**-rbeit **p**-ositiv **s**-ehen«, lautet der Slogan eines innovativen Bauunternehmens. Ein Impuls für uns?

A Guter Gott, was aus unserem Leben wird, hängt nicht zuletzt davon ab, was wir aus den sechs Werktagen der Woche machen.

V1 Es hieße viele Gelegenheiten zum Kontakt mit dir versäumen, wenn wir Arbeit und Beruf dafür nicht nützen würden.

Kurze Stille

Liedruf

V/A Du, Herr, bist ein Gott des Lebens; überall sind Spuren von dir. *(Melodie GL 712,1)*

Gebet: Gott – auch an unseren Grenzen

V1 Jesus, du bist vielen Menschen begegnet, die massiv behindert und beeinträchtigt waren.

A Der blinde Bettler Bartimäus schrie flehentlich um Heilung, als du Jericho verlassen wolltest.

V2 Am Teich Betesda in Jerusalem lag ein Mann, der seit 38 Jahren krank war. Auf deine Frage »Willst du gesund werden?« sagte er: »Ich habe keinen Menschen, der mich in den Teich trägt.« Das hätte für ihn Heilung bedeutet.

A Du schenktest sie ihm mit deinem Wort: »Steh auf, nimm deine Bahre und geh!« (Joh 5,7 f)

V1 Kranke und behinderte Menschen werden oft isoliert und ausgegrenzt.

A Die Karriere nach oben ist gestoppt. Die »Karriere nach unten« beginnt.

V2 Es ist schon viel, wenn wir das überhaupt wahrnehmen. Das wäre der Anstoß zu einem neuen Miteinander.

A Guter Gott, hilf uns, wenigstens ein kleines Zeichen des Miteinanders zu setzen, wo wir nicht viel mehr schenken können. Hilf uns, auch aus den eigenen Leiderfahrungen und Grenzen den Weg zu dir zu finden.

Kurze Stille

Liedruf

V/A Du, Herr, bist ein Gott des Lebens; überall sind Spuren von dir. *(Melodie GL 712,1)*

Gebet: Gott im öffentlichen Leben

V1 Herr, du besprichst mit den Leuten Episoden des Tagesgeschehens, etwa das Massaker beim gewaltsamen Eingreifen der römischen Polizei im Tempel (vgl. Lk 13,1) und die Tragödie der achtzehn Toten beim Einsturz des Turms von Schiloach (vgl. Lk 13,4).

A Du forderst zum Nachdenken über diese Ereignisse auf und deutest den Leuten die Botschaft, die darin steckt.

V2 Am Ende deines Lebens wird der Prozess vor den jüdischen und römischen Behörden das größte Drama der Weltgeschichte.

A Der Vater hat es zu unserem Heil gewendet.

V1 Was sagst du uns, Gott des Lebens, durch die Krise der Kirche in unserem Land? Durch die Meldungen in der Tagesschau und die Schlagzeilen der Blätter am Kiosk? Durch das »Wunder« der deutschen Einheit und die Probleme in der EU?

A Hilf uns, deinen Anruf zu verstehen und die Botschaft zu entschlüsseln, die für uns darin liegt.

V2 Wir wollen nach unseren Möglichkeiten das Zusammenleben der Menschen mitgestalten aus dem Geist des Evangeliums.

A Gib uns den Mut, dich auch in der Öffentlichkeit zu bezeugen.

Kurze Stille

Liedruf

V/A Du, Herr, bist ein Gott des Lebens; überall sind Spuren von dir. *(Melodie GL 712,1)*

Vaterunser

V Lasst uns beten, wie uns der Herr zu beten gelehrt hat.

A Vaterunser …

Lied

Melodie: siehe »Bausteine« ⟨II.2.19⟩

4. Gottes Lieb' ist stärker als die Not der Welt.
Er führt auch zum Guten, was uns nicht gefällt.
Er hat alle Fäden fest in seiner Hand.
Alles, was wir brauchen, ist dem Vater wohl bekannt.

5. Gott umarmt uns Menschen mit der Wirklichkeit.
Jede Zeit, auch unsre – sie ist Gottes Zeit.
Er zeigt uns durch Spuren, dass er nahe ist,
dass er um uns Sorge trägt und niemals uns vergisst.

Wenn das Allerheiligste ausgesetzt ist, folgt die Strophe 6

6. Kleine weiße Scheibe Brot auf dem Altar!
Mehr als alle Spuren: Gott – so wunderbar!
Du bist hier zugegen. Herr, wir beten an.
Führ auf allen Wegen uns nach deinem Liebesplan.

Oration

(wenn der eucharistische Segen folgt)

Herr Jesus Christus, Himmel und Erde sind erfüllt von deiner Herrlichkeit. Vielfältig sind die Zeichen deiner Liebe. In diesem wunderbaren Sakrament aber bist du selbst bei uns als Brot des Lebens. Wir bitten dich, erfülle uns mit deinem Segen, der du mit Gott, dem Vater in der Einheit des Hl. Geistes der Gott des Lebens und der Liebe bist in alle Ewigkeit.

A Amen.

Segen

Lied

Melodie siehe »Bausteine« ⟨II.2.20⟩

Ref.: Überall sehen wir deine Spuren, du unser Gott bist Immanuel.
Und jeden Tag hör'n wir deine Stimme, die uns entgegen ruft: Ich bin bei euch.

1. Herr, du willst mich lehren: Du bist uns nahe Tag und Nacht.
Du trägst uns durch in der Dunkelheit, führst in den neuen Tag hinein.

2. Herr, du willst mich lehren: Mitten im Sturm bist du mir nah.
Dann mag der Himmel voller Wolken sein,
tief auf dem Grund ist deine Freude.

3. Herr, du willst mich lehren: Du brauchst auch mich in dieser Welt,
willst sie gestalten durch mein Arbeiten,
mit uns willst du die Welt erneuern.

4. Herr, du willst mich lehren: Nur in Gemeinschaft find' ich dich.
Wenn ich den Gott meines Lebens such,
muss ich als Mensch mit Menschen leben.

5. Herr, du willst mich lehren: Ich bin dein vielgelebtes Kind.
In meiner Schwachheit willst du bei mir sein, ich darf dich Vater nennen.

Bearbeitet nach einer Vorlage aus: »Bündnisbrief« 1 / 2011;
Hg. Leiter der deutschen Schönstattbewegung,
Büro des Bewegungsleiters, Höhrer 84, 56179 Vallendar.

6. Mit Maria eucharistisch leben

Hinweis
Diese Andacht ist als eucharistische Anbetung konzipiert, bei der von Anfang an das Allerheiligste ausgesetzt wird. Die L-Texte sind dem Schreiben von Papst Johannes Paul II. über die Eucharistie entnommen.

Lied zur Aussetzung

V Gelobt und gepriesen sei ohne End
A Jesus im allerheiligsten Sakrament.
V Herr, du wartest auf uns.
Du wartest, dass wir zu dir kommen,
dass wir dich wichtig nehmen und uns dir anvertrauen.
A Wir beten dich an.
V Du erwartest uns, um unsere Lasten auf dich zu nehmen.
Wir dürfen und sollen dir alles bringen, auch unsere Sorgen,
unser Leid und unseren Schmerz.
A Du erwartest uns, um uns aufzurichten und zu trösten.
V Du erwartest uns, um uns Klarheit über unsern Weg zu schenken.
So vieles wird uns zur Frage und zum Problem.
A Wir bringen alles zu dir. Du wirst uns raten. Du wirst uns den Weg weisen.
V Du erwartest uns, um uns zu helfen.
Du bist unser treuester und immer gleichbleibender Freund.
A Du hebst uns hinaus aus der Enge unseres Daseins in die Weite des Reiches Gottes.
V Alle Einsamkeit hört auf. Wir sind geborgen.
A Das Leben zeigt sich im Licht des Vaters.
V In all unsere Armseligkeit fällt dein erlösender Glanz.
A Die Last des Tages wird von neuem erträglich.
V Das müde gewordene Herz bekommt Flügel.
A So viel Halbes in uns fügt sich befreiend zusammen.
V Wir können nicht groß genug von dir denken, Herr!
Mit Maria beten wir dich staunend und dankbar an:

A Meine Seele preist die Größe des Herrn, und mein Geist jubelt über Gott, meinen Retter.

Lied

V Wenn wir nun betend vor dem Geheimnis der Eucharistie verweilen, betrachten wir Worte von Papst Johannes Paul II., die uns helfen können, mit Maria eucharistisch zu leben. (Auszüge aus der Enzyklika »Ecclesia de Eucharistia« v. 17. 4. 2003)

L Wenn die Eucharistie ein Geheimnis des Glaubens ist, das unseren Verstand so weit überragt, dass von uns eine ganz reine Hingabe an das Wort Gottes gefordert wird, kann uns niemand so wie Maria Stütze und Wegweiserin sein, um eine solche Haltung zu erwerben. Wenn wir das Tun Christi beim Letzten Abendmahl in Treue zu seinem Auftrag »Tut dies zu meinem Gedächtnis!« wiederholen, nehmen wir zugleich die Einladung Marias an, ihm ohne Zögern zu gehorchen: »Was er euch sagt, das tut!« (Joh 2, 5) Es scheint, dass Maria mit der mütterlichen Sorge, die sie bei der Hochzeit in Kana an den Tag legte, uns sagen möchte: »Zögert nicht, vertraut auf das Wort meines Sohnes! Er, der fähig war, Wasser in Wein zu verwandeln, ist ebenso fähig, aus dem Brot und dem Wein seinen Leib und sein Blut zu machen und in diesem Mysterium den Gläubigen das lebendige Gedächtnis seines Pascha zu übergeben, um auf diese Weise zum ›Brot des Lebens‹ zu werden. (54)

Stille

V Groß bist du, Herr, in deinem Wort.
A Dein Wort hat verwandelnde Kraft.
V Dein Wort fordert uns heraus zu einer Antwort.
A Von Maria lernen wir, dir ohne Zögern zu gehorchen.

V Gib uns deinen Glauben, Maria!
A Mutter des Wortes, hilf uns tun, was dein Sohn uns sagt!

Lied

L »Selig ist die, die geglaubt hat« (Lk 1,45): Im Mysterium der Menschwerdung hat Maria auch den eucharistischen Glauben der Kirche vorweggenommen. Beim Besuch bei Elisabet trägt sie das fleischgewordene Wort in ihrem Schoß und wird in gewisser Weise zum »Tabernakel« – zum ersten »Tabernakel« der Geschichte, in dem sich der Sohn Gottes, der für die Augen der Menschen noch unsichtbar ist, der Anbetung Elisabets darbietet. Sein Licht leuchtet gleichsam durch die Augen und die Stimme Mariens auf. Und ist der entzückte Blick Marias, die das Antlitz des neugeborenen Christus betrachtet und ihn in ihre Arme nimmt, nicht vielleicht das unerreichbare Vorbild der Liebe, von der wir uns bei jedem Kommunionempfang inspirieren lassen müssen? (55)

Stille

V Jesus, lebe du in uns wie du in Maria gelebt und in ihr Fleisch und Blut angenommen hast.
A Lebe auch in uns, und werde in uns Fleisch und Blut.
V Denke in uns; bete in uns, liebe in uns, leide in uns.
A Blicke aus uns; rede aus uns, handle durch uns; wirke durch uns.
V Strahle aus durch uns; ermutige Andere durch uns.
A Bediene dich unserer Hände; geh mit unseren Füßen über die Erde.
V Jesus, lass uns dich mit der Liebe empfangen, mit der Maria dich empfangen hat.
A Lass uns dich im Herzen tragen, wie Maria dich getragen hat.

V Mit den Worten der seligen Mutter Teresa bitten wir die Gottesmutter:
A »Maria, meine liebste Mutter, gib mir dein Herz so schön, so rein, so unbefleckt so voll Liebe und Demut, damit ich wie du Jesus empfange, und damit ich eile, ihn anderen zu geben.«

Lied

L Nicht nur auf Golgota, sondern während ihres ganzen Lebens an der Seite Christi machte sich Maria den Opfercharakter der Eucharistie zu eigen …

Was muss Maria empfunden haben, als sie aus dem Mund von Petrus, Johannes, Jakobus und der anderen Apostel die Worte des Letzten Abendmahls vernahm: »Das ist mein Leib, der für euch hingegeben wird« (Lk 22, 19)? Dieser Leib, der als Opfer dargebracht und unter sakramentalen Zeichen erneut gegenwärtig wurde, war ja derselbe Leib, den sie in ihrem Schoß empfangen hatte! (56)

Stille

V Wir danken dir, Herr, dass du in deiner Liebe zu uns alles gewagt, alles hingegeben, alles hergeschenkt hast.

A Deinen Tod, o Herr, verkünden wir, und deine Auferstehung preisen wir, bis du kommst in Herrlichkeit!

V Sei gegrüßt, wahrer Leib des Herrn, von Maria uns geboren!

A Sei gegrüßt, wahrer Leib, für uns am Kreuz geopfert!

V Sei gegrüßt, wahrer Leib, gegenwärtig im Zeichen des Brotes!

A Sei gegrüßt, kostbares Blut des Herrn, für uns vergossen!

V Sei gegrüßt, Sakrament des neuen und ewigen Bundes!

A Sei gegrüßt, Maria, du starke Frau unter dem Kreuz!

V Du hast dich mit deinem Sohn in seiner Gesinnung der Hingabe vereint. Du hast unter großen Schmerzen dein Jawort eingelöst.

A Geh du mit uns, wenn wir an den Altar treten und Eucharistie feiern!

Lied

L »Tut dies zu meinem Gedächtnis!« (Lk 22, 19) Beim »Gedächtnis« von Golgota ist all das gegenwärtig, was Christus in seinem Leiden und in seinem Tod vollbracht hat. Daher fehlt auch das nicht, was Christus für uns an seiner Mutter vollbracht hat. Ihr vertraut er den Lieblingsjünger an, und in ihm vertraut er ihr auch jeden von uns an: »Siehe, dein Sohn!« Ebenso sagt er auch zu jedem von uns: »Siehe, deine Mutter!« (vgl. Joh 19, 26–27)
Das Gedächtnis des Todes Christi in der Eucharistie zu leben, schließt auch ein, fortwährend dieses Geschenk zu empfangen. Das bedeutet, dass wir diejenige, die uns jedes Mal als Mutter gegeben wird, nach dem Beispiel des Johannes zu uns nehmen. Es bedeutet, dass wir zugleich die Mühe auf

uns nehmen, Christus gleichförmig zu werden, indem wir uns in die Schule der Mutter begeben und uns von ihr begleiten lassen.
Mit der Kirche und als Mutter der Kirche ist Maria in jeder unserer Eucharistiefeiern anwesend. (57)

Stille

V Alles, was du für uns getan hast, Herr, ist gegenwärtig im Geheimnis der Eucharistie.
A Wir stehen an der Quelle, aus der uns alles zufließt, was du uns schenken willst.
V Du schenkst uns deine Mutter.
A Wir danken dir, Herr, für dieses besondere Geschenk deiner Liebe.
V Mit Johannes unter dem Kreuz nehmen wir sie erneut auf in unser Leben.

A Maria, Mutter des Erlösers! Dir wollen wir gehören.
V Unter deiner mütterlichen Obhut wollen wir Jesus ganz zu eigen und ganz zu Diensten sein.
A Du unsere Mutter, schließe uns und all unsere Lieben in dein Herz. Amen.

Lied

L In der Eucharistie vereint sich die Kirche ganz mit Christus und seinem Opfer und macht sich den Geist Mariens zu eigen. Diese Wahrheit kann man vertiefen, wenn man das Magnifikat in eucharistischer Sicht liest. Wie der Gesang Mariens ist die Eucharistie vor allem Lob und Danksagung. Wenn Maria ausruft: »Meine Seele preist die Größe des Herrn, und mein Geist jubelt über Gott, meinen Retter«, trägt sie Jesus in ihrem Schoß. Sie lobt den Vater »wegen« Jesus, aber sie lobt ihn auch »in« Jesus und »mit« Jesus. Genau dies ist die wahre »eucharistische Haltung«.
Zugleich gedenkt Maria der Wundertaten Gottes in der Heilsgeschichte gemäß der Verheißung, die an die Väter ergangen ist (vgl. Lk 1,55), und verkündet jenes Wunder, das alle anderen überragt: die erlösende Menschwerdung. Das Magnifikat ist schließlich wie die Eucharistie ausgerichtet auf Gottes endzeitliches Handeln. Jedes Mal, wenn sich der Sohn Gottes in der »Armut« der sakramentalen Zeichen von Brot und Wein uns zeigt,

wird der Keim jener neuen Geschichte in die Welt gelegt, in der die Mächtigen vom Thron gestürzt und die Niedrigen erhöht werden (vgl. Lk 1, 52). Maria besingt diesen »neuen Himmel« und diese »neue Erde«, die in der Eucharistie ihre Vorwegnahme und in einem gewissen Sinn ihr programmatisches »Bild« finden. Das Magnifikat bringt die Spiritualität Mariens zum Ausdruck; nichts kann uns *mehr* helfen, das eucharistische Mysterium zu leben, als diese Spiritualität. Die Eucharistie ist uns gegeben, damit unser Leben, so wie das Leben Marias, ganz und gar ein Magnifikat sei! (58)

Stille

V Eucharistisch leben heißt als dankbarer Mensch leben.
A Wir klagen zu viel und danken zu wenig.
V Vater, du hast Großes getan in deiner Schöpfung, aber noch Größeres tust du in Christus an uns.
A Wir loben dich und danken dir.
V Durch Christus machst du unsere Lebensgeschichte zur Heilsgeschichte, mag das Dunkel noch so groß sein.
A Wir preisen dich und beten dich an.
V Lass uns nicht blind werden für die Zeichen deiner Nähe.
A Lass uns unerschütterlich glauben an die Erfüllung all deiner Verheißungen.
V Unser Leben soll wie das Leben Marias immer mehr ein Loblied werden für dich, unseren Retter.

A Sei unsere Vorsängerin, Maria!
V Meine Seele preist die Größe des Herrn …

Es folgt der Text des Magnifikat (GL 689) oder das Lied »Den Herren will ich loben«. GL 261, 1,2,3

V Auf dem Weg unseres Glaubens begleitet uns Maria, die Mutter des Herrn. Sie betet mit uns den Herrn im Sakrament an, zu dem sie eine tiefe Beziehung hat. Von ihr lernen wir, eucharistisch zu leben.
Wir antworten jeweils: »Hilf uns, eucharistisch zu leben.«
V Maria hat sich in reiner Hingabe dem Wort Gottes überlassen. Das soll auch unsere Haltung sein.

A Hilf uns, eucharistisch zu leben!

V Maria hat dich, Herr, vom Heiligen Geist empfangen. Wir wollen dich in der Eucharistie gläubig und ehrfürchtig empfangen.

A Hilf uns, eucharistisch zu leben!

V Du lebtest verborgen in Mariens Schoß wie in einem Tabernakel. Wir beten dich an, wahrer Gott, verborgen gegenwärtig im Zeichen des Brotes.

A Hilf uns, eucharistisch zu leben!

V Maria hat dich geboren und freudig in ihre Arme genommen. Wir wollen uns von ihrer Liebe inspirieren lassen, sooft wir an deinen Tisch treten.

A Hilf uns, eucharistisch zu leben!

V Wie eine lebendige Monstranz hat Maria dich den Hirten und den Weisen gezeigt. Wir wollen in der Welt deine Zeugen sein.

A Hilf uns, eucharistisch zu leben!

V Maria hat dich im Tempel aufgeopfert und hat sich auf Golgota ganz mit deinem Opfer vereinigt. Auch unser Leben soll eine Gabe sein, die dem Vater wohlgefällt.

A Hilf uns, eucharistisch zu leben!

V Du hast am Kreuz Maria auch uns zur Mutter gegeben. Dieses Geschenk dürfen wir in jeder Eucharistiefeier neu entgegennehmen. Wir wollen in der Schule Mariens lernen, dir gleichförmig zu werden.

A Hilf uns, eucharistisch zu leben!

V Das ganze Leben Mariens war ein Loblied auf deine Größe und ein Danklied auf deine Barmherzigkeit. Lass nicht zu, dass in unseren Kirchen der Lobpreis verstummt. Die Freude an dir, Herr, ist unsere Stärke.

A Hilf uns, eucharistisch zu leben!

V Lasst uns beten, wie wir es von Jesus gelernt haben:

A Vater unser im Himmel …

Segenslied

Segen

Schlusslied

7. Ankommzeit

Hinweise
Diese Feier eignet sich bei der Ankunft an einem Wallfahrtsort genauso wie als meditative (Mai-)Andacht.
Blumenstrauß, Foto von einer Familie, Küchenhandtuch, Schraubenzieher, großer Stein und Tageszeitung wurden unterwegs mitgetragen bzw. liegen bereit. Sie werden im Laufe der Feier zum Altar bzw. zum Marienbild gebracht.

Lied

V Guter Gott,
du Gott des Lebens –
Leben in Fülle –
Leben pur –
ja, guter Gott, du schenkst immer wieder neues Leben,
machst uns lebendig -
und du weißt, was unser Leben ausmacht,
was uns bewegt, was uns umtreibt,
was uns innerlich beansprucht,
was uns belastet und freut,
was wir dir auch heute mitbringen.

A Guter Gott, ich danke dir, dass ich jetzt hier sein kann.
Ich komme zu dir mit allem, was mich beschäftigt,
mit meinen Gedanken und Fragen,
mit den Eindrücken der letzten Tage und Stunden,
mit der Dankbarkeit für deine Führung in meinem Leben,
mit der Sehnsucht, tiefer zu dir zu finden,
mit der Hoffnung auf deine spürbare Nähe in der kommenden Zeit.

V Guter Gott,
du Gott des Lebens –
Leben in Fülle –

Leben pur –
Lebendiger Gott:

A Ich möchte jetzt einfach bei dir sein,
einfach an dich glauben,
einfach auf dich vertrauen,
einfach wissend: Du bist für mich da – heute und immer.

V Guter Gott, du Gott des Lebens, du bist uns (hier an diesem Gnadenort) durch deine Mutter besonders nah. Ihr liebevoller Blick umfängt uns. Es ist einfach beruhigend und wohltuend. Von ihr angeschaut zu werden, tut richtig gut.

A Wir danken dir für deine Mutter.

Stille

Marienlied

V Wenn wir längere Zeit von Zuhause weg gewesen sind,
bringen wir gerne etwas mit.
Heute bringen wir einen Blumenstrauß.

Blumenstrauß wird auf den Altar gestellt

V Blumen sprechen von Freude, Dankbarkeit und Liebe. Viele Blumen sprechen zu uns von der heilenden Kraft Gottes.
A Maria, wir bringen dir unsere Freude, dass wir heute hier sein dürfen und unseren Dank für alle Zeichen der Liebe Gottes in den letzten Wochen.
V Wir bringen dir mit den Blumen aber auch unsere Verletzungen, die Enttäuschungen und alles, was uns belastet.
A Nimm du es in deine Hand und lass uns deine heilende Nähe spüren.

Stille

Liedruf

V Wir bringen dir unsere Familie.

Bild von einer Familie wird auf den Altar gestellt

V Das Bild steht für die Menschen, mit denen wir zusammen leben und mit denen wir verbunden sind.

A Maria, ich bringe dir meine Familie, meinen Ehepartner, meine Kinder und meine Enkel.

V Ich bringe dir alle, die mir nahe stehen.

A Schau du mit deinem liebevollen Blick in ihre Herzen. Du kennst ihre Sorgen und du weißt um alles, was sie bewegt. Sei bei ihnen mit deiner mütterlichen Nähe.

Stille

Liedruf

V Wir bringen dir ein Küchenhandtuch und einen Schraubenzieher.

Küchenhandtuch u. Schraubenzieher werden auf den Altar gelegt

V Das Küchenhandtuch und der Schrauberzieher sind Symbol für die Dinge, die uns hinweisen auf die tägliche Arbeit.

A Gerade bei meiner Arbeit wird mir immer neu bewusst, dass ich gebraucht werde. Das tut mir gut. Ich danke dir.

V Liebe Gottesmutter, ich bringe dir die Freude und alles, was mich bei meiner Arbeit belastet.

A Sieh auf alle Menschen in meiner Umgebung, die überfordert, nicht ausgelastet oder arbeitslos sind. Nimm dich aller an, die mit ihrer Kraft am Ende sind, die ungerecht entlohnt werden und unter menschenunwürdigen Bedingungen arbeiten müssen.

Stille

Liedruf

V Maria, wir bringen dir einen großen Stein.

Stein wird auf den Altar gelegt

V Der Stein ist ein Zeichen für die vielen Unbegreiflichkeiten in unserem Leben, für alles, was schwer ist in unserem Leben.

A Maria, sieh auf die vielen zerbrochenen Beziehungen, auf unsere Kranken, auf alle, die unter dem Verlust eines lieben Menschen leiden und auf unsere Schwierigkeiten im Miteinander.
Sieh auf die Steine fremder und eigener Schuld und auch auf die Erfahrung, wenn man an seine eigenen Grenzen stößt.

V Liebe Gottesmutter, auch auf deinem Lebensweg gab es viele Steine. Du konntest die Zulassungen Gottes nicht immer verstehen. Und doch bist du vertrauensvoll mitgegangen.

A Ich bringe dir die Steine, die mich getroffen haben und die Steine, die mich heute noch belasten. Nimm du sie an und hilf mir durch sie Gott näher zu kommen.

Stille

Liedruf

V Wir bringen eine Tageszeitung.

Tageszeitung wird auf den Altar gelegt

V Mit der Tageszeitung bringen wir dir alles, was in der Welt geschieht und durch die Medien auf uns einstürmt.

A Maria, die Welt ist vielfach undurchschaubar geworden. Katastrophen, Terror, Krieg, Kriminalität bedrängen uns.
Jeden Tag werden wir berührt vom Schicksal vieler Menschen.

V Bewahre uns vor Resignation und lähmender Angst.

A Nimm uns hinein in dein Vertrauen auf Gottes Güte und Barmherzigkeit, besonders auch dann, wenn wir seine Liebe hinter dem Zeitgeschehen nicht wahrnehmen können.

Stille

Liedruf

V Alle unsere Anliegen vertrauen wir dir, liebe Gottesmutter, nun noch einmal an und beten gemeinsam:

A GL 32,3: »Unter deinem Schutz und Schirm«

Segensbitte

Lied

Segne du, Maria

Team der Wallfahrtsschwestern. Bildungsstätte Marienland, 56179 Vallendar, Berg Schönstatt 8.

Kapitel II – Bausteine für Andacht und Wallfahrt

1. Litaneien

Vorbemerkung

Hier wird eine große Fülle von Litaneien und Marienrufen angeboten. Sie sind entstanden zur Gestaltung vieler und langer Wallfahrtswege, wo sie beim Gehen vorgebetet werden. Sie sind nicht zum Mitlesen gedacht, auch nicht bei Andachten in der Kirche. Der jeweilige Antwortruf ist bekannt oder wird entsprechend angesagt bzw. kurz eingeübt.
Man wird eine sinnvolle Auswahl treffen und den reichlichen Stoff auf mehrere Anlässe aufteilen.

Üblicherweise wird eine Litanei mit dem »Herr, erbarme dich …« eröffnet und mit dem »Lamm Gottes … abgeschlossen.

1. Marienlitanei nach dem Marienmessbuch

Die folgende Litanei geht dem Marienmessbuch entlang und nimmt die Formulierungen bzw. Titel auf, unter denen die Gottesmutter im Geheimnis Christi und seiner Kirche gefeiert wird. Die Ziffern beziehen sich auf die Nummerierung im Marienmessbuch. Zu jedem dort genannten Titel sind in dieser Litanei mindestens zwei Anrufungen vorgesehen. Bitte auswählen!

Antwort: Bitte für uns

(1) Maria, du auserwählte Tochter Israels
Spross aus der Wurzel Isais

(2) Maria, vom Engel Gottes gegrüßt
Vom Geist Gottes überschattet (empfangend)

(3) Maria, auf dem Weg zum Haus des Zacharias
Von Elisabeth seliggepriesen, weil du geglaubt hast
Vorsängerin beim Lobpreis Gottes

(4) Maria, Jungfrau und Mutter Gottes
Du trägst den, der alles trägt
Kein Mensch ist dir an Würde gleich

(5) Maria, Mutter des Erlösers
Dein Kind ist der »Fürst des Friedens«

(6) Maria, in dir ist der Herr der Welt erschienen
Aus dir leuchtet das Heil für alle Völker

(7) Maria, du hast Jesus im Tempel dargestellt
Du hast Anteil an seinem Schicksal

(8) Maria, mit Jesus und Josef im Haus von Nazaret
Maria, du teilst das verborgene Leben Jesu in Nazaret
Du bewahrst und bewegst alles in deinem Herzen

(9) Maria, Helferin bei der Hochzeit in Kana
Du wendest dich bittend an deinen Sohn
Du sorgst mit, dass wir keinen Mangel haben

(10) Maria, du erste Jüngerin des Herrn
Treu in der Erfüllung des Willens Gottes

(11) Maria, du stehst voll Schmerz beim Kreuz des Herrn

(12) Seine treueste Gefährtin im Leiden

(13) Maria, den Jüngern zur Mutter gegeben
Kostbares Erbe des Meisters

(14) Maria, du Mutter der Versöhnung
Du hast ein Herz für die Sünder

(15) Maria, voll Freude bei der Auferstehung des Herrn
Dein Glaube ist wunderbar bestätigt

(16) Maria, Quelle des Lichtes und des Lebens
Bild der österlichen Kirche

(17) Maria, mit der jungen Kirche im Pfingstsaal versammelt
Wach im Gebet und brennend in der Liebe

(18) Maria, Königin der Apostel
Du ermutigst die Boten des Evangeliums

(19) Maria, Mutter des Herrn
Großes hat der Mächtige an dir getan

(20) Maria, du neue Frau
Anfang der neuen Schöpfung
Anfang des neuen Volkes
Du hast das neue Gebot der Liebe erfüllt
Gesegnet bist du mehr als alle anderen Frauen

(21) Maria, dein Name ist uns wichtig
Du leuchtender Stern auf dem Weg der Pilgerschaft

(22) Maria, du Magd des Herrn
Dienerin der Barmherzigkeit
Vorbild aller Hingabe an Gott
Frei, entschlossen und treu im Dienst Gottes

(23) Maria, du Tempel des Herrn
Der Herr ist mit dir
In dir wohnt der König der Könige
Geheiligt durch die Gegenwart Christi

(24) Maria, du Sitz der Weisheit
Du kluge Jungfrau
Gedächtnis der Kirche
Du hegst in uns den Geist deines Sohnes

(25) Maria, du Urbild und Mutter der Kirche

(26) Du stehst am Ursprung der Kirche

(27) Jungfräulich und mütterlich
Vorbild der Anbetung des Vaters im Geist und in der Wahrheit
Du Hörende, Wachende und Betende
Du Opfernde und Leben Schenkende
Ungetrübter Spiegel der Kraft Gottes
Köstlichste Frucht der Erlösung
Fruchtbar durch die Kraft des Heiligen Geistes
Besorgt um das Heil aller Menschen
Bekleidet mit der Sonne, gekrönt mit zwölf Sternen

(28) Unbeflecktes Herz Mariä
Frau voll der Gnade
Frei von jedem Makel der Sünde

(29) Maria, unsere Königin
Erhöht an der Seite deines Sohnes
Fürsprecherin am Thron des Sohnes

(30) Maria, du Mutter und Mittlerin der Gnade
Gefährtin im Geheimnis der Erlösung

(31) Maria, du Quelle des Heils
Reich an Früchten des Geistes

(32) Maria, unsere geistliche Mutter und Lehrerin
du lehrst uns die vollkommene Liebe

(33) Maria, du Mutter des guten Rates
Du zeigst uns, was Gott gefällt
Bei dir ist Einsicht, Rat und Hilfe
Überreich erfüllt mit den Gaben des Heiligen Geistes

(34) Maria, du Ursache unserer Freude
Du hast Christus geboren, unser Heil
Du jubelst über Gott, deinen Retter

(35) Maria, du Hort des Glaubens
Überwinderin aller Irrlehren
Selig bist du, weil du geglaubt hast

(36) Maria, du Mutter der schönen Liebe
Bild der Güte und Treue Christi
Ganz schön bist du, gebenedeit unter den Frauen

(37) Maria, du Mutter der heiligen Hoffnung
All dein Vertrauen hast du auf Gott gesetzt

(38) Maria, du Mutter der Einheit
Betend um den Geist der Versöhnung und Eintracht

(39) Maria, du Königin und Mutter der Barmherzigkeit
Immer bereit, Gebete zu erhören
Du nimmst alle auf, die zu dir flüchten
Du erhörst alle, die in Bedrängnis zu dir flehen

(40) Maria, Mutter im Dienst der göttlichen Vorsehung
Bei dir finden wir Hilfe zur rechten Zeit
Du gewinnst uns für Gottes Pläne

(41) Maria, du Mutter des Trostes
Im Leiden getröstet, die Leidenden tröstend
Du erflehst uns den Geist, den Beistand, den Tröster

(42) Maria, du Hilfe der Christen
Wir fliehen unter deinen Schutz

(43) Maria, du Mutter vom Loskauf der Gefangenen
Hilf uns zur Freiheit der Kinder Gottes

(44) Maria, du Heil der Kranken
Zeichen des Heiles für Leib und Seele

(45) Maria, du Königin des Friedens
Mutter dessen, der die Entzweiten versöhnt
Du dienst dem Wachstum friedlicher Gemeinschaft
Mutter der großen Menschheitsfamilie

(46) Maria, du Pforte des Himmels
Durch dich kam Gott in die Welt
Du Tür Gottes in die Welt
Du schenkst uns Gottes Sohn und öffnest uns so den Himmel

2. Marienlitanei

Die Anrufungen sind als Anregung gedacht. Bitte auswählen!

Wir antworten jeweils: »Freu dich, Maria!«
V Tochter des Vaters
Mutter des Sohnes
Braut des Geistes
Vom Vater geliebt
Vom Sohn erwählt
Vom Geist erfüllt

Wir antworten: »Wir grüßen dich!«
V Heilige Maria, Mutter Gottes
Fülle und Widerschein der Gnade
Dein ganzes Sein ist Zustimmung
In dir wird Gott Mensch
Du trägst den, der alles trägt
Du lebst in Christus und durch ihn
Unverdorbenes Konzept des Menschen
Bild der Menschenwürde
Mitpilgerin auf den Straßen des Lebens

Vorsängerin beim Lobpreis Gottes
Dein Licht ist Jesus Christus

Wir antworten: »Da bist du!«

V Wo Menschen glauben
Wo Menschen auf die Vorsehung Gottes vertrauen
Wo Menschen sich mit Gott verbünden
Wo das Lob Gottes gesungen wird
Wo Gottes Wort gehört wird
Wo Gott aus ganzem Herzen geliebt wird
Wo Menschen bekennen: Jesus ist der Herr
Wo Menschen rufen: »Abba, Vater!«
Wo Menschen flehen: »Komm, Heiliger Geist!«
Wo Menschen über ihr Leben nachdenken

Wir antworten: »Du hast unser Vertrauen.«

V Geschenk des sterbenden Erlösers
Herz der jungen Kirche
Hoffend gegen alle Hoffnung
Betend in Beharrlichkeit
Bewegt und bewegend
Mutter, im Glauben geprüft
Mutter, im Glauben bewährt
Mutter, die versteht
Mutter, die tröstet
Mutter, die Geduld hat
Mutter an der Seite der Leidenden
Mutter an der Seite der Erniedrigten
Mutter, die niemanden fallen lässt
Heimat der Suchenden
Frau, die zuhört
Frau, die verbindet
Frau an unserer Seite
Frau des Aufbruchs
Zeichen der Nähe Gottes
Morgenröte der Erlösung
Stern der Evangelisierung

Wir antworten: »Wir bewundern dich!«

V Natur und Gnade sind in dir verbunden
In dir lebt die Sehnsucht nach Gottes Heil
Alles Einseitige ist in dir überwunden
Die Beziehung zu Christus ist in dir vorgebildet
Die Kirche ist in dir geborgen
Du bist die erste, die ganz für Jesus lebte
In dir berührt der Himmel die Erde
Du lehrst uns die Sprache des Herzens

Wir antworten: »Da hilfst du mit!«

V Wo die Sehnsucht nach Gott aufbricht
Wo ein Mensch seine Berufung entdeckt
Wo ein Mensch an seiner Berufung festhält
Wo ein Mensch zur Umkehr findet
Wo stolze Verhärtung sich löst
Wo Menschwerdung geschieht
Wo Frieden gestiftet wird

Wir antworten: »Da hilfst du weiter!«

V Wenn wir mit unserer Weisheit am Ende sind
Wenn wir hungern und dürsten nach Gerechtigkeit
Wenn wir uns verirrt haben
Wenn wir schwach geworden sind
Wenn uns Gottes Wege rätselhaft sind
Wenn wir nicht verzeihen wollen
Wenn uns die Treue schwerfällt

Wir antworten: »Führe uns zu ihm!«

V Mutter Christi
Seine treueste Gefährtin
Seine Wege ebnend
Sein Wort hörend
Seinen Willen befolgend
Seine Leiden teilend
Seine Freuden teilend
Seinen Sieg teilend

Seine Fülle empfangend
Seine Gnade verschenkend
Sein Licht ausstrahlend
Sein Werk unterstützend
Dem Wachstum seines Leibes dienend
für seine Liebe öffnend
für sein Reich tätig
ihm Raum gebend
in seiner Liebe bleibend

Wir antworten: »Selig bist du!«

V Mit Gottes Geheimnissen vertraut
Gottes Wegen auf der Spur
Mit dem Herzen sehend
Entschieden und mutig
Die Hochmütigen warnend
Parteiisch für die Armen
Der Schlange den Kopf zertretend
Gottes verlängerter Arm
Gelebtes Evangelium
Allerseligste
Reines Bild der Gnade

Wir antworten: »Bitte für uns!«

V Du bemerkst die Not bei der Hochzeit zu Kana
Du bringst die Not bei Jesus zur Sprache
Du lässt dich im Glauben nicht beirren
Du sagst zu den Dienern: Was ER euch sagt, das tut!
Aufmerksam im Helfen
Spontan im Bitten
Stark im Zurücktreten
Mütterlich im Vermitteln

Wir antworten: »Sei gegrüßt!«

V Von Sünde unberührt
Neue Eva
Vor-erlöst und voll-erlöst

Bild gelungenen Menschseins
Kirche im Ursprung
Tochter Zion
Wohnung Gottes
Knotenlöserin
Fruchtbare Erde

Wir antworten: »Gut, dass du da bist!«
V Eingangspforte zum neuen Bund
Erste Jüngerin Jesu
Vorbild jeder Berufung
Lehrerin des einfachen Weges
Wegbegleiterin
Mutterschoß der Barmherzigkeit
Schutzmantel der Geborgenheit
Begnadete Freiheit
Ungebrochene Lebensfülle
Einzig unzerstörte Schöpfung
Erfrischende Quelle
Schlichte Natürlichkeit
Netz der Gottverbundenheit
Erzieherin des neuen Menschen
Schützerin des Lebens
Verteidigerin der Menschenwürde
Stimme der Stimmlosen
Stimme, die zum Guten drängt
Zärtlicher Blick
Blick der aufrichtet
Garten Gottes
Einübung ins Ja(wort)
Wiege der Heiligkeit

3. Litanei aus Taizé

Wir antworten: »Bitte für uns!«

V Mutter Jesu
Mutter, allen zugeneigt
Mutter nach unserem Herzen
Mutter von Generation zu Generation
Mutter unserer Mütter
Mutter jeder Sehnsucht
Mutter aller Tränen
Mutter der Gerechtigkeit
Mutter der Armen
Mutter der Menschheit
Mutter des Erlösers
Mutter der Kirche
Liebliche Jungfrau
Offenherzige Jungfrau
Schwesterliche Jungfrau
Zärtliche Jungfrau
Heitere Jungfrau
Freieste Jungfrau
Spiegel der Frauen
Hort des Erbarmens
Wurzel der Zärtlichkeit
Stets Gegenwärtige
Stimme des Lobes
Blüte der Hoffnung
Quelle der Stärke
Herz aus Gold
Arche der Heimatlosen
Hafen des Himmels
Stern der Einsamen
Zuflucht in Not
Trost der Hinterbliebenen
Hilfe der Unschuldigen
Dienerin des Heiligen Geistes
Dienerin der Engel

Dienerin deines Volkes
Dienerin der Unterdrückten
Dienerin der Märtyrer
Dienerin der Behinderten
Dienerin der Sterbenden
Dienerin der verlorenen Seelen
Dienerin der Versöhnung
Dienerin des Friedens
Dienerin deiner Diener
Dienerin unseres Herrn Jesus Christus
Dienerin Gottes

Frère Léonard, Taizé

2. Liedrufe und Gesänge

4. Allgemeine Marienrufe nach der Grüssauer Melodie

Hinweise
Die Melodie wird als bekannt vorausgesetzt. Bitte eine zum Anlass passende Auswahl treffen. Nach jeder Anrufung: »Maria, wir rufen zu dir.«

V/A Mutter Gottes, wir rufen zu dir. (nach jedem Ruf)

1. Ruf:
V Dich loben die himmlischen Chöre:
Die Heil'gen erweisen dir Ehre:
Dich preisen die Menschen auf Erden:
Gott wollte ein Mensch durch dich werden:

2. Ruf:
V Bei Gott hast du Gnade gefunden,
warst stets ihm in Liebe verbunden.
Der Herr, dem du schenktest das Leben,
hat dich uns zur Mutter gegeben.

3. Ruf:
Du Ursache unserer Freude,
schenk Trost uns in all unserem Leide.
Der Glaube an Gott und sein Walten,
soll niemals im Herzen erkalten.

4. Ruf:
V Sei nahe den Alten und Kranken
und lass unsre Hoffnung nicht wanken.
Hilf, dass sich die Menschen verstehen
und nicht fremde Not übersehen.

5. Ruf:
V Hilf, dass sich die Jugend entfaltet
und glaubend das Leben gestaltet.
Mach unsre Familien zum Segen,
begleit' uns auf all unsren Wegen.

6. Ruf:
V Du Zuflucht und Trost für uns Sünder
kannst wenden die Not deiner Kinder.
Du Stern in den Nächsten des Lebens,
zu dir rief noch niemand vergebens.

7. Ruf:
V Halt stets über uns deine Hände,
dass mutig wir sind bis zum Ende,
dass Liebe das Leid überwindet
und unsere Hoffnung nicht schwindet.

8. Ruf:
V Schenk Hilfe und Heil allen andern,
die mit uns zur Ewigkeit wandern.
Ermuntre zu neuem Vertrauen
die Zweifelnden, Müden und Lauen.

9. Ruf:
V Wenn atemlos wir nur noch hetzen,
wenn Menschen einander verletzen.
Gib, dass wir dem Nächsten verzeihen,
den Einsatz, das Opfer nicht scheuen.

10. Ruf:
V Du weißt um den Alltag, den trüben.
Hilf uns, unsre Arbeit zu lieben,
damit wir mit frohem Vertrauen
am Reich Jesu Christi stets bauen.

5. Marienrufe in den Anliegen von Kirche und Gesellschaft nach der Grüssauer Melodie

1. Ruf:

V Maria, vom Vater ersehen,
dem Heiland zur Seite zu stehen.
Dem Geist hast du, Jungfrau, gefallen,
bist gütige Mutter uns allen.

2. Ruf:

V Du wirst das Volk Gottes begleiten
in guten und schwierigen Zeiten.
Du, Mutter der Kirche, wirst sorgen
für Glaubenskraft heute und morgen.

3. Ruf:

V Führ du alle Christen zusammen
in Jesu, des Heilandes, Namen.
Die Spaltungen hilf überwinden,
um Einheit im Glauben zu finden.

4. Ruf:

V Du weißt um die Not deiner Kinder
und hilfst zur Bekehrung der Sünder.
Wo Hass und Verfolgung uns schrecken,
musst Du mit dem Mantel uns decken.

5. Ruf:

V Steh du allen Hirten zur Seite,
dass Mut und Vertrauen sie leite.
Lass wachsen die Frucht ihrer Mühen.
Bring unsre Gemeinde(n) zum Blühen.

6. Ruf:

V Hilf uns, Gott, den Vater zu ehren,
den Ruf deines Sohnes zu hören.

Wenn wir Gottes Wege nicht sehen,
erfleh uns den Geist aus den Höhen.

7. Ruf:

V Du hast dich für Jesus entschieden.
Er führt uns die Wege zum Frieden.
Bitt, dass überall auf der Erde
Recht, Wahrheit und Friede bald werde.

8. Ruf:

V Du hörst jedes Seufzen und Weinen.
Hilf, dass die Zerstritt'nen sich einen.
Führ uns zu den Quellen der Gnade
und sorg', dass der Feind uns nicht schade.

9. Ruf:

V Der Schöpfung gib Schutz und Gedeihen.
Das Leben soll niemand entweihen.
Mach treu uns im Leben und Sterben,
und dann lass den Himmel uns erben.

6. Marienrufe für Kinder nach der Grüssauer Melodie

V/A Mutter Gottes, wir rufen zu dir.

1. Ruf:

V Du Königin, schönste der Frauen,
dir schenken wir unser Vertrauen.
Du kennst unsre Freuden und Sorgen.
Bei dir sind wir immer geborgen.

2. Ruf:

V Hör unsre Gebete und Lieder.
Schau segnend auf alle hernieder:
die Alten, die Jungen, die Kleinen;
hilf allen, die krank sind und weinen.

3. Ruf:

V Steh Vätern und Müttern zur Seite,
den Schutzmantel über sie breite.
Wir bitten für all unsre Freunde.
Versöhne die Gegner und Feinde.

7. Marienrufe nach der Ave-Melodie von Lourdes

Rufe zur Auswahl. Der Text passt auch zur Ave-Melodie von Fatima.

2. Bist Mutter auf Erden dem ewigen Sohn,
dem Heiland, der zu uns herabstieg vom Thron.

3. Dem Dienste des Herrn war dein Leben geweiht.
So lehre uns dienen in heutiger Zeit.

4. Du warst mit der jungen Gemeinde vertraut
beim Kommen des Geistes, du bist seine Braut.

5. Von Gott in den Plan der Erlösung gestellt
als Helferin Christi zur Rettung der Welt.

6. O Mutter des Herrn, die er liebend erhob,
erhör unser Flehen, nimm an unser Lob.

7. In Dunkel und Leid ist dein Glaube bewährt.
Drum hat dich die Kirche von jeher geehrt.

8. Die Wege des Glaubens sind mühsam und weit.
Führ du Gottes Volk in die neueste Zeit.

9. Schließ auf unser Herz für den Heiligen Geist,
dass er uns der Angst und der Sünde entreißt.

10. Du führst uns, o Mutter, zum Vater zurück.
Aus Angst und Bedrängnis wird Freude und Glück.

11. Von Machtgier und Wahn ist die Menschheit bedroht.
Gib, dass sie begreife der Liebe Gebot.

12. Besiege den Hass, der die Völker entzweit.
Mach Herz, Mund und Hand zur Versöhnung bereit.

13. Du, Mutter, vernimm unser Hoffen und Flehn:
Hilf allen, die Wege zum Frieden zu gehn.

14. Geh du mit uns Menschen, geleit uns zum Ziel
und lehre uns leben, wie Jesus es will.

15. Dem Sohn, der dich Mutter, zum Himmel erhob,
dem Heiligen Geist und dem Vater sei Lob.

8. Marienrufe nach der Ave-Melodie von Fatima

Hinweis: Kurz vor oder beim Einzug in eine Wallfahrtskirche, oder bei einer Lichterprozession am Gnadenort einsetzbar. Der Text passt auch zur Ave-Melodie von Lourdes.

2. Wir kommen mit Freude zum heiligen Ort.
Wir loben und ehren und bitten dich dort.

3. Dir ist diese Stätte seit alters geweiht.
Hier knieten die Ahnen in Freude und Leid.

4. Sie kamen besorgt, von Gefahren bedroht,
und dankten dir nach überstandener Not.

5. Wie oft haben Kinder dir Blumen gebracht,
mit Beten und Singen dir Freude gemacht.

6. Es zieht auch die Jugend zum Gnadenbild hin.
Sie suchen das Leben und suchen nach Sinn.

7. Hier finden die Eltern willkommene Rast.
Sie wissen: Du hilfst und erleichterst die Last.

8. Hier sind im Gebet auch die Alten zu sehn,
die schon an den Toren der Ewigkeit stehn.

9. Die Kranken, sie legen ihr bitteres Los
getröstet der himmlischen Frau in den Schoß.

10. Hier findet sich mancher, von Sünden beschwert.
Er weiß, dass Maria ihm Zuflucht gewährt.

11. Die Namen der Toten gesellen sich zu:
ein ständiges Flehn um die ewige Ruh.

12. So mancher fand hier schon zum Glauben zurück,
zum Frieden der Seele, zum ewigen Glück.

13. Du bietest uns dar deinen göttlichen Sohn,
dass er durch den Glauben im Herzen uns wohn'.

14. Sei du unsre Mutter, gib Segen dem Land
und reiche uns neu deine gütige Hand.

aus verschiedenen Quellen neu zusammengestellt von Josef Treutlein

9. Marienrufe im Mai für Kinder nach der Ave-Melodie von Lourdes

Kinder stehen mit Blumen vor dem Marienbild

Maria, du gütige Mutter des Herrn,
wir kommen zu dir, denn wir haben dich gern.

Mit Blumen und Blüten sind wir heute hier.
Wir woll'n dich erfreuen und bringen sie dir.

Was leuchtet und duftet in herrlicher Pracht,
das haben wir dir, unsrer Mutter, gebracht.

Kinder stellen die Blumen in eine bereitstehende Vase

Wir schmücken dein Bild. Es ist schön anzusehn,
wenn all unsre Blumen so nah bei dir stehn.

Wir grüßen dich, Mutter, und wissen genau:
Du gibst Schutz und Segen, du gütige Frau.

Wenn wir dich verehren, dann freut sich dein Sohn.
Nimm an unsre Bitten; du kennst sie ja schon.

Die Kinder werden eingeladen, in Stille der Mutter Gottes ihre Bitten zu sagen

Wer hat dich vergebens um Hilf' angefleht?
Wann hast du vergessen ein kindlich Gebet?

So viele schon klagten der Mutter ihr Leid.
Maria hilft immer, sie hilft jederzeit.

Wir glauben, vertrauen und bauen darauf:
Maria hilft uns in den Himmel hinauf.

Die Kinder sprechen mit der ganzen Gemeinde ein klassisches Mariengebet, z. B. »Gegrüßet seist du, Maria« oder »Unter deinen Schutz und Schirm« (GL 32,3).

10. Lied: Seht, Maria und ihr Kind!

Text: Josef Treutlein
Musik: Volksweise aus Tschechien

2. Du, vom Herrn als Mutter erwählt
Krone aller Frauen,
du, der Raum für Gott in der Welt:

//: Dir will ich vertrauen. ://

3. Du, erfüllt vom Heiligen Geist,
hast den Herrn geboren,
der das Leben uns verheißt,

//: rettet, was verloren. ://

4. Immer, wenn ich traurig bin,
schau' ich auf euch beide,
geh' zu dir, o Mutter, hin

//: Quelle aller Freude. ://

5. Allen Kummer, alles Leid,
alle meine Fragen,
Mutter der Barmherzigkeit,

//: will ich zu dir tragen. ://

6. Nimm dich aller Menschen an
auf der ganzen Erde.
Führ uns auf die rechte Bahn,

//: hilf, dass Friede werde. ://

7. Über Stadt und Land und Haus
deinen Mantel breite.
Gieße deinen Segen aus,

//: sicher uns geleite. ://

8. Mache unsre Herzen weit,
gib ein reines Leben,
geh mit uns durch diese Zeit,

//: mach die Wege eben. ://

9. Forme uns nach deinem Bild,
mache uns zum Zeichen,
dass wir gütig, klar und mild

//: dir ein wenig gleichen. ://

10. Jedes Lob für dich – es gilt
immer dem Dreieinen.
Du bist Gottes Gnadenbild

//: und wir sind die Seinen. ://

11. Lied »Gelobt sei Christus, Mariens Sohn«

2. Du siehst auf unsre ganze Welt,
regierst sie, wie es dir gefällt,
willst, dass sie selig werde.

3. Aus Liebe hast du uns erwählt
und deinen Freunden zugezählt,
willst segnen uns und trösten.

4. Schenk deinem Volk in dieser Zeit
doch bald die volle Einigkeit.
Versöhne die Erlösten!

5. Der Leib, der sich nach dir benennt,
ist immer noch entstellt, getrennt.
Du musst den Geist uns senden!

6. Dein Heil'ger Rock ist unzerteilt.
Gib, dass die Christenheit sich eilt,
die Spaltung zu beenden.

7. Wie kostbar ist dein Testament:
Vom Kreuz herab hast du am End'
uns auf Maria verwiesen.

8. Du hast die Mutter uns geschenkt,
die unsre Herzen zu dir lenkt.
Lass uns mit dir sie grüßen!

9. Herr, bleib uns gnädig zugewandt!
Aus deiner guten, starken Hand
kann niemand uns vertreiben.

10. Und wenn zerfällt die ganze Welt –
wer sich an deine Botschaft hält,
der wird im Frieden bleiben.

11. Sei Quelle uns in Wüstennot,
sei Ruhe, Freude uns und Brot.
Bewahr uns vor dem Bösen.

12. Gib Einsicht und Versöhnungskraft,
sei Antrieb, der den Frieden schafft.
Herr, komm, uns zu erlösen!

12. Lied »Du wunderbare Frau«

Text und Musik: Josef Treutlein

2. Dir wird aus Engelsmund
der Plan des Höchsten kund,
und du gibst ihm dein Ja,
bist immer für ihn da.

3. Du trägst den Herrn im Schoß
und machst im Lied ihn groß.
Wo Gottes Lob erklingt,
bist du's, die mit uns singt.

4. Du schenkst uns Jesus Christ.
Der Kirche Bild du bist.
Du bringst den Herrn zur Welt,
der dich als Mutter wählt.

5. Der hoch im Himmel thront,
er hat in dir gewohnt.
Dein Denken kreist um ihn.
Zieh du uns zu ihm hin.

6. Du bist des Glaubens Hort,
du lebst aus Gottes Wort,
du hast sein Wort bewahrt.
Kein Leid blieb dir erspart.

7. Du flehst um Gottes Geist,
den Jesus uns verheißt.
Nimm auf in dein Gebet,
wie's um die Kirche steht.

8. Du bist's, die Glut uns gibt,
dass Jesus wird geliebt.
Seine Barmherzigkeit
strahl' auf in unsrer Zeit.

9. Oft zweifeln wir und sind
für Gottes Spuren blind.
Du bist der Morgenstern,
das Zeichen für den Herrn.

10. Du hilfst uns tragen still
das Leid, wenn Gott es will.
Wenn Treue uns fällt schwer,
dann hilfst du umso mehr.

11. Du Mutter, die versteht,
verachtest kein Gebet.
O lass verlöschen nicht
der Hoffnung helles Licht.

12. Wenn wir gefallen sind,
wenn uns bedrängt die Sünd',
bring du die Schuld, die Not,
durch Christus hin zu Gott.

13. Du kennst den Hochmut nicht,
bist gütig, rein und schlicht,
entschieden und voll Mut.
Du bist ganz einfach gut.

14. Du gehst als Mutter mit,
begleitest jeden Schritt.
Auf dich vertrauen wir,
verbinden uns mit dir.

15. Dein Sohn erhört dich gern.
Du bist die Magd des Herrn,
als Helferin bewährt,
geliebt und hochverehrt.

16. Schenk uns Geborgenheit
im Vater allezeit,
der nie – und das steht fest –
von seiner Liebe lässt.

17. Die Gottverbundenheit
macht unsre Herzen weit.
Du lehrst sie uns genau,
du Unsre Liebe Frau.

18. Form unsre Herzen um
zu einem Heiligtum.
Bewege unsern Sinn
zur größ'ren Liebe hin.

19. Des Evangeliums Saat
geht auf durch deinen Rat:
»Was Er euch sagt, das tut!«
Gib uns dazu den Mut.

20. Der neuen Schöpfung Bild,
du zeigst, was wirklich gilt.
Du wirkst für Gottes Reich.
Mach Gottes Volk dir gleich.

21. Gestalt′ mit uns die Welt,
wie′s unserm Gott gefällt.
Es kommt in seinem Plan
auf unser Mittun an.

22. Du bist an Liebe reich,
und keine ist dir gleich.
Maria, Königin,
nimm unsre Herzen hin.

13. »Mutter der Kirche, Maria« – Ein Lied, nicht nur zu Pfingsten

Singbar nach der Melodie »Lobe den Herren, den mächtigen König der Ehren«

Ave Maria, du bringst uns, was Eva verloren,
hast durch dein Jawort die Wende der Zeiten beschworen.
Selige Frau, Gnade strömt nieder wie Tau:
Mutter der Kirche, Maria!

Sei uns gegrüßt, die das Heilswerk des Sohnes umfangen,
an seiner Seite den Weg bis zum Ende gegangen.
In seinem Tod sind wir geboren für Gott:
Mutter der Kirche, Maria!

Sei uns gegrüßt, die inmitten der Jünger verharrte,
bis sich in Feuer und Sturmwind der Geist offenbarte.
Stunde voll Licht, da die Erfüllung anbricht:
Mutter der Kirche, Maria!

Sei uns gegrüßt, unser Beistand am Throne der Gnaden!
Tritt für uns ein, die wir mühselig sind und beladen.
Pilger sind wir, weis uns zur Heimat die Tür:
Mutter der Kirche, Maria!

Sei uns gegrüßt, du Gesegnete unter den Frauen,
Zeichen der Hoffnung, zu dem wir Verlorne hinschauen.
Bitt′ Gott, den Herrn! Er wird Vollendung gewähr′n:
Mutter der Kirche, Maria!

Maria-Luise Thurmair

14. Wenn Hochzeit ist (Kinderlied)

Die weiteren Strophen siehe Andacht I.3

15. Gottes guter Segen

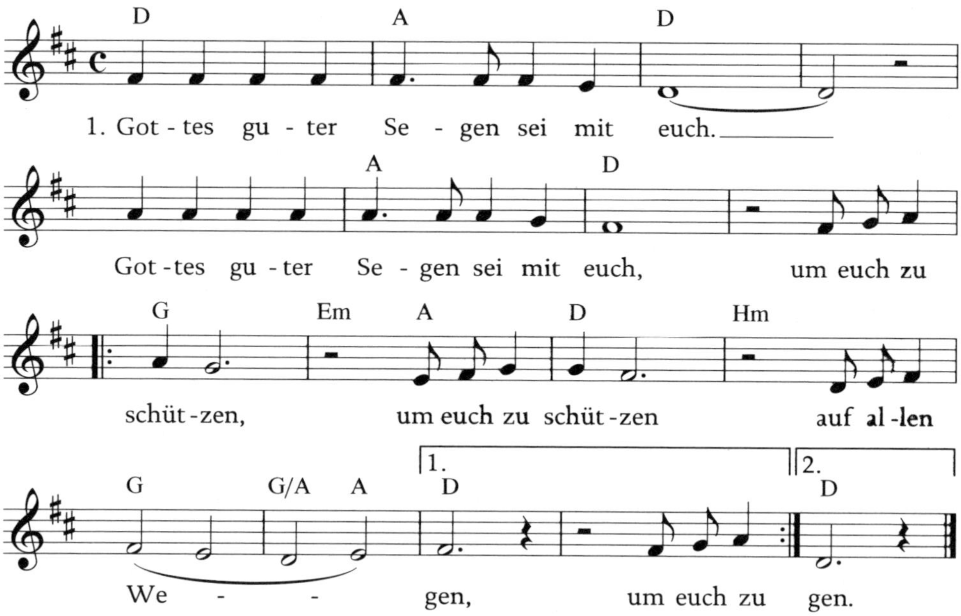

Text: Rolf Krenzer
Musik: Siegfried Fietz

Die weiteren Strophen siehe Andacht I.3

16. Gehet nicht auf in den Sorgen

Text: Hans-Jakob Weinz und Gabi Schneider
Melodie: England 19. Jh.

Die weiteren Strophen siehe Andacht I.5

17. Maria, wenn wir die Krüge füllen

Text: M. Caja Bernhard
Melodie: M. Sophia Brünig[3]

Die weiteren Strophen siehe Andacht I.3

18. Frau, die die Nöte spürt

Melodie: Brot, das die Hoffnung nährt, Peter Janssens
Text: Josef Treutlein

Die weiteren Strophen siehe Andacht I.5

19. Suche Gottes Spuren

Kleines Senfkorn Hoffnung
Musik: Ludger Edelkötter / Originaltext Alois Albrecht, © KiMu Kinder Musik Verlag GmbH, 50259 Pulheim (aus: IMP 1067 »Kleines Senfkorn Hoffnung«)
Text: Josef Treutlein

Die weiteren Strophen siehe Andacht I.5

20. Überall sehen wir deine Spuren

Die weiteren Strophen siehe Andacht I.5

21. Ave-Maria-Kanon

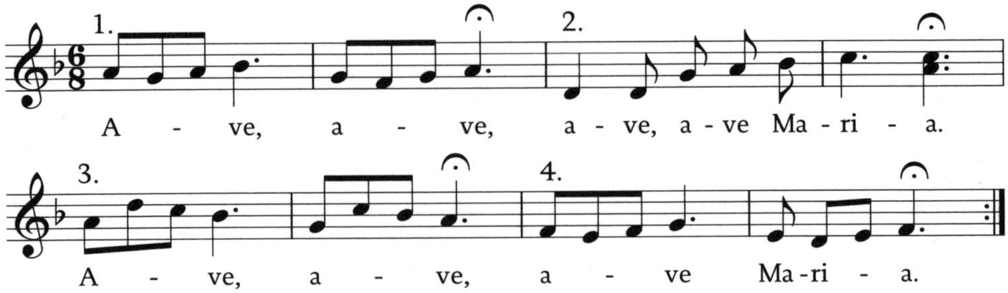

Musik: Jaques Berthier, Taizé (Gloria)
Text: Josef Treutlein

22. Liedruf: »Sei gegrüßt, du Mutter Christi«

Musik: aus Lourdes
Text: Josef Treutlein

23. Groß sein lässt meine Seele den Herrn (Magnifikat)

2. Denn der Starke hat Gewaltiges an mir getan,
und sein Name leuchtet auf in herrlichem Glanz.
Er gießt sein Erbarmen aus durch alle Erdenzeit
über jeden, der im Herzen Vater ihn nennt.

3. Große Taten führt er aus mit seinem starken Arm.
Menschen voller Stolz und Hochmut treibt er davon.
Die, die Macht missbrauchen, stößt er hart von ihrem Thron
und erhebt die niedrig sind und arm in der Welt.

4. Hungernde lädt er zum Mahle ein an seinen Tisch,
doch mit leeren Händen schickt er Reiche nach Haus.
Seines Volkes Israel nimmt gütig er sich an,
wie er Abraham und allen Vätern verhieß.

5. Ehre sei dem Vater, der uns einlädt in sein Reich,
Ehre sei dem Sohne, der die Liebe uns zeigt,
Ehre sei dem Geiste, der die Einheit uns verleiht,
wie im Anfang so auch jetzt und für alle Zeit.

3. Gebete

24. Weihegebet nach dem von Papst Johannes Paul II. am 8.10.2000 gesprochenen Text

L Zusammen mit vielen Bischöfen aus allen Teilen der Welt hat der selige Papst Johannes Paul II. das neue Jahrtausend der Gottesmutter anvertraut. In dieses vertrauensvolle Gebet wollen wir einstimmen. Auf den Ruf: »Mutter Christi« antworten wir: »Dir vertrauen wir unsere Zukunft an«.

V »Die Kirche sucht heute bei dir Zuflucht. Sie stellt sich unter deinen mütterlichen Schutz. Sie bittet vertrauensvoll um deine Fürsprache angesichts der Herausforderungen der Zukunft.«
Mutter Christi:

A Dir vertrauen wir unsere Zukunft an

V »Wir bitten dich, uns auf unserem Weg zu begleiten. Wir Männer und Frauen leben in einer außergewöhnlichen Zeit, die zugleich verheißungsvoll und schwierig ist.«
Mutter Christi:

A Dir vertrauen wir unsere Zukunft an

V »Die Menschheit besitzt heute nie dagewesene Mittel zur Macht. Sie ist imstande, diese Welt zu einem blühenden Garten zu machen oder sie völlig zu zerstören.«
Mutter Christi:

A Dir vertrauen wir unsere Zukunft an.

V »Die Menschheit hat die außerordentliche Fähigkeit erlangt, sogar in die Anfänge des Lebens einzugreifen. Sie kann dies zum Wohl aller im Rahmen des Moralgesetzes nutzen, oder dem kurzsichtigen Hochmut einer Wissenschaft nachgeben, die keine Grenzen anerkennt und sogar die gebührende Achtung vor jedem Menschenleben verweigert.«
Mutter Christi:

A Dir vertrauen wir unsere Zukunft an.

V »Die Menschheit steht heute an einem Scheideweg wie nie zuvor. Die Rettung, o heilige Jungfrau, ist wiederum dein Sohn Jesus allein. Sein Wort, das uns auf dich hinweist und dich zu unserer Mutter macht, klingt wohl in unseren Ohren: ›Frau, siehe dein Sohn.‹«

A Dir vertrauen wir unsere Zukunft an.

L Wir antworten jeweils: »Frau, siehe deine Söhne und Töchter!«

V »Indem Christus dir den Apostel Johannes anvertraute, verringerte er seine ausschließliche Rolle als Erlöser der Welt nicht, sondern bekräftigte sie. Du lebst in ihm und durch ihn.«

A Frau, siehe deine Söhne und Töchter!

V »Wir wollen dich, Mutter, wie der Apostel Johannes bei uns aufnehmen (vgl. Joh. 19, 27), um von dir zu lernen, deinem Sohn ähnlich zu werden.«

A Frau, siehe deine Söhne und Töchter!

V »Bitte deinen Sohn für uns, dass er uns den Hl. Geist in Fülle schenke, den Geist der Wahrheit, aus dem das Leben hervorgeht. Empfange ihn für uns und mit uns, wie in der Urgemeinde von Jerusalem, die sich am Pfingsttag um dich geschart hat.« (Vgl. Apg 1, 14)

A Frau, siehe deine Söhne und Töchter!

V »Der Geist Gottes öffne die Herzen für die Gerechtigkeit. Er wecke überall gegenseitiges Verständnis und den festen Willen zum Frieden.«

A Frau, siehe deine Söhne und Töchter!

V »Wir vertrauen dir alle Menschen an. Zuerst die Schutzlosesten: die Kinder, die noch nicht zur Welt gekommen sind, und die Kinder, die in Armut und Leid geboren werden.«

A Frau, siehe deine Söhne und Töchter!

V »Wir vertrauen dir die Jugendlichen an, die auf der Suche nach einem Lebensziel sind.«

A Frau, siehe deine Söhne und Töchter!

V »Wir vertrauen dir die Menschen an, die ohne Arbeit sind, und alle, die Hunger und Krankheit erleiden.«

A Frau, siehe deine Söhne und Töchter!

V »Wir vertrauen dir die zerrütteten Familien an, die Alten, denen niemand beisteht, und alle, die verlassen und ohne Hoffnung sind.«

A Frau, siehe deine Söhne und Töchter!

L Oft schon haben die Päpste auf die Gottesmutter als »Stern der (Neu-) Evangelisierung« und »leuchtende Morgenröte« hingewiesen. So antworten wir: »Du bist der sichere Leitstern auf unserem Weg.«

V »Mutter, du kennst die Leiden und Hoffnungen der Kirche und der Welt. Steh deinen Söhnen und Töchtern in den Prüfungen bei, die der Lebensalltag für jeden Menschen bereithält.«

A Du bist der sichere Leitstern auf unserem Weg.

V »Gib, dass dank des Bemühens aller die Finsternis nicht über das Licht siegt.«

A Du bist der sichere Leitstern auf unserem Weg.

V »Dir, Morgenröte der Erlösung, vertrauen wir unseren Weg im neuen Jahrtausend an, damit alle Menschen unter deiner Führung Christus finden, das Licht der Welt und den einzigen Erlöser.«

A Du bist der sichere Leitstern auf unserem Weg.

25. Blumen zuhören. Element für eine Maiandacht oder für den 15. August

S1 Blumen sagen viel
von Freude und Dankbarkeit,
von Sehnsucht und Erfüllung,
von Samen und Werden,
von Wachsen und Schönheit,
vom Aufbrechen der Knospe Leben,
vom Miteinander der Natur,
vom Schöpfer und Bewahrer allen Lebens.

S2 Blumen erzählen
von der Kraft der Erde,
von lebensspendendem Wasser,
vom Durchbruch zum Blühen,
von Feinheit,
von Zärtlichkeit,
von Zerbrechlichkeit,
von angstfreiem, dankbarem Sterben,
von neuem Leben.

S1 Blumen sprechen
durch ihre Farbigkeit, durch ihr Leuchten,
durch ihren Duft,
durch ihre Feinfühligkeit,
durch ihre Aufrichtigkeit,
durch ihre Zuwendung,
durch ihre Ausstrahlungskraft.

Nach: Immanuel Jacobs, aus: Münsterschwarzacher Bildkalender.

V Ob Blumen nicht Ähnliches auch von dir erzählen, Maria?
Ob du nicht auch »durch die Blume« sprichst?
Ohne Worte? Einfach so?

A Lass dir unsere Blumen gefallen, Maria, unsere Mutter!

V Mach sie zu einem Gruß, der dir sagen will: Schön bist du, voll der Gnade, voll Liebe.

A Wir bewundern dich. Wir sind gern in deiner Nähe. Dein Leben erzählt uns von den Wundern des Schöpfers und von den Großtaten des Erlösers.

26. Dein Weg, Maria, bewegt

Maria,
dich finden wir
auf dem Weg.

KV: Dein Weg, Maria, bewegt.

Du machst dich
eilends auf den Weg
zu Elisabet.

KV: Dein Weg, Maria, bewegt.

Du bist die Frau,
die sich bewegt,
weil das Ewige Wort
sich auf den Weg
gemacht hat zu uns.

KV: Dein Weg, Maria, bewegt.

Dein herzlicher Gruß
bewegt in Elisabet
das Kind,
das vor Freude hüpft.

KV: Dein Weg, Maria, bewegt.

Dich finden wir
guter Hoffnung,

aber in Bedrängnis
auf dem Weg nach Bethlehem.

KV: Dein Weg, Maria, bewegt.

Die Hirten finden als erste
den Weg zum Gottessohn,
den du geboren hast.

KV: Dein Weg, Maria, bewegt.

Die Weisen werden vom Stern
einen weiten Weg geführt.
Sie sind gekommen, um IHN anzubeten.
Sie finden das Kind
und dich, seine Mutter.

KV: Dein Weg, Maria, bewegt.

Du trägst das Kind in den Tempel
um es Gott zu weihen.
In diesem Kind sind wir alle
dem Herrn Geweihte.

KV: Dein Weg, Maria, bewegt.

Simeon und Hanna
finden den Weg
und sprechen prophetische Worte
über das Kind,
das zu einem umstrittenen
Zeichen werden wird,
und über dich:
Deine Seele
wird ein Schwert durchbohren.

KV: Dein Weg, Maria, bewegt.

Wir sehen dich
auf der Flucht nach Ägypten.
Gottes Wege sind unbegreiflich

KV: Dein Weg, Maria, bewegt.

Du bist
auf dem Pilgerweg
nach Jerusalem und singst:
Wie freute ich mich,
da man mir sagte,
wir ziehen zum Haus des Herrn.

KV: Dein Weg, Maria, bewegt.

Du suchst
den jugendlichen Jesus
voller Angst
und findest ihn im Tempel.
Kind,
warum hast du uns das angetan?

KV: Dein Weg, Maria, bewegt.

Du hörst und verstehst nicht
seine Antwort:
Wusstet ihr nicht,
dass ich im Haus
meines Vaters sein muss?
Aber du bewegst alles in deinem Herzen.

KV: Dein Weg, Maria, bewegt.

Viele Jahre
lebst du mit Jesus
verborgen in Nazaret.
Der Alltag ist dein Gottesdienst.

KV: Dein Weg, Maria, bewegt.

Jesus geht den Weg
seiner Berufung
und du hörst die Leute munkeln:
Er ist von einem Dämon besessen.

KV: Dein Weg, Maria, bewegt.

Du gehst Jesus nach
und hörst die Worte:
Wer ist meine Mutter?
Du gehst im Glauben
ohne Verbitterung weiter.

KV: Dein Weg, Maria, bewegt.

Du nimmst
am Leben der Menschen teil.
Bei der Hochzeit
hast du den wachen Blick
und sagst zu Jesus:
Sie haben keinen Wein mehr.

KV: Dein Weg, Maria, bewegt.

Du bleibst im Glauben,
obwohl du hörst:
Frau, meine Stunde
ist noch nicht gekommen.
Du sagst damals und heute:
Was ER euch sagt, das tut.

KV: Dein Weg, Maria, bewegt.

Mit deinen Ohren
hören wir Johannes rufen:
Bereitet dem Herrn den Weg.

KV: Dein Weg, Maria, bewegt.

Du bleibst im Hintergrund
und gibst Jesus frei
für seine Berufung als Messias.

KV: Dein Weg, Maria, bewegt.

Du gehst
den unbegreiflichen Weg
mit Jesus unter das Kreuz.

KV: Dein Weg, Maria, bewegt.

Du hörst das Vermächtnis Jesu:
Siehe deinen Sohn,
siehe deine Mutter.
Und von dieser Stunde an
begleitest du alle,
die den Weg Jesu gehen.

KV: Dein Weg, Maria, bewegt.

Dich finden wir
unter den Aposteln
im Gebet um den Heiligen Geist.

KV: Dein Weg, Maria, bewegt.

Du gehst den Weg
des Glaubens zu Ende
und wirst vollendet in der
Herrlichkeit des Himmels.

KV: Dein Weg, Maria, bewegt.

Du gehst den Weg mit der Kirche
durch die Zeit
als Pilgerführerin im Glauben.

KV: Dein Weg, Maria, bewegt.

Dr. Rainer Birkenmaier[4]

27. Ankunft am Wallfahrtsort

Situation: 12–15jährige Jugendliche kommen am Ende einer Nachtwallfahrt am Ziel an.

Text zur Einstimmung

S1 Es gibt Orte, an denen das Licht heller scheint als anderswo. Es sind heilige Orte, Gnadenorte.

S2 Es sind stille Gebetsorte, Wallfahrtsorte; dort berührt der Himmel die Erde.

S1 Zu einem solchen Ort sind wir gekommen: Hier wartet Maria, die Mutter Gottes auf uns.

S2 Sie kennt und trägt ein Licht, das wir auf unserem Lebensweg brauchen, das Licht der Hoffnung und der Liebe.

S1 Dieses Licht ist ihr Sohn Jesus Christus. Und dieses Licht möchte sie uns schenken.

S2 Wir begrüßen dich, Maria, unsere himmlische Mutter.

Gebet

V Ich danke dir, Maria. Ich danke dir, dass du mich verstehst.

A Ich danke dir, dass du meine Mutter bist.

V Wenn es dunkel ist in mir, gib mir Klarheit.

A Wenn ich am Abgrund stehe, gib mir Halt.

V Wenn ich fern von Gott bin, führe mich zu ihm.

A Wenn ich in Not bin, hilf mir.

V Wenn ich mich leer fühle, schenk mir die Gaben des Gottesgeistes.

A Ich bitte dich: Geh mit mir durchs Leben und führe mich ins Reich Gottes. Amen.

28. Maria, ich beschenke dich!

… denn ich mag dich.
… denn du brauchst mich.
Dann wird mein Kleinsein und Kleinfühlen unwichtig,
denn du brauchst mich jeden Tag neu.
Mein Beitrag zählt.
Aber wie kann ich dich beschenken?
Durch die Menschen,
denen ich täglich begegne.
Ich schaue sie an und sage zu ihnen:
»Du bist wertvoll für mich«.
Zu meinem Partner sage ich:
»Du bist wertvoll für mich,
ich wachse über mich hinaus, weil ich dich habe,

denn ich darf dir etwas sein«.
Zu meinem Vorgesetzten,
zu meinen Kunden und Mitarbeitern bei der Arbeit,
zur Bedienung im Restaurant
oder zum Türsteher vor der Disko sage ich: »Du bist wertvoll für mich«.
Ich schaue diese Menschen an.
Ich schaue die Person an.
Ich schaue sie innerlich an.
Ich nehme sie wahr.
Ich nehme sie auf.
Ich lasse sie spüren:
»Du bist wertvoll für mich«.
Und plötzlich finde ich Gott in meinem Gegenüber.
Und dann geht alles wie von alleine.
Und plötzlich werde ich beschenkt.
Das tut einfach gut.

Birgit Maier[5]

29. Maria, Anziehungskraft!

(oder: Maria, Magnet des Herzens)

Du ziehst mich an wie ein Magnet.
Manchmal bin ich im Treiben der Welt
versunken wie in einem wilden Strom.
Manchmal ist um mich Hektik, Lärm, Betriebsamkeit
und ich habe keine ruhige Minute für mich.
Manchmal fühle ich mich gefangen wie in einem
engen, tiefen, metallenen Schacht.
Manchmal werde ich förmlich aufgesogen
von einem schwarzen Loch aus bunten Lichtern,
plakativen Sehnsüchten und
unbezwingbaren Forderungen.
Bevor ich abstürze,
bevor ich verzweifelt entdecke,
so geht es nicht weiter,

ziehst du mich an wie ein Magnet.
Erst auf dem Weg zurück wird mir die
Entfernung bewusst.
Im Innehalten erschrecke ich
vor mir selbst.
Herzklopfen!
Warum hast du mich nicht vorher
festgehalten?
Du klammerst nicht,
du zwingst nicht,
du fesselst nicht.
Aber du bist da
und lässt mich nicht los,
egal wie weit ich mich von dir entferne.
Der Abstand ist Vergangenheit
und zählt nicht mehr.
Ich werde ruhig.
Jetzt zählt die Nähe der Gegenwart.

Birgit Maier[6]

30. Gruß an Maria, die Frau des Aufbruchs

V Maria, an diesem Gnadenort (auf unserem Weg nach ...) grüßen wir dich. Wir kennen dich als Frau, die immer wieder in ihrem Leben aufgebrochen ist:

- mit deinem ungeborenen Kind zu Elisabet,
- kurz vor der Geburt deines Sohnes nach Betlehem,
- zum Schutz des Kindes nach Ägypten, zurück in die Heimat, zum Tempel nach Jerusalem.
- Deinen Sohn hast du auf seinen Wegen begleitet – nach Kana, durch Galiläa und nach Jerusalem, bis unter das Kreuz.
- Wir glauben, dass du aufgebrochen bist am Ostermorgen, in den Pfingstsaal hinein
- und mit der jungen Kirche in die Welt.

V/A Mutter Gottes, wir rufen zu dir.

V Mutter des Sohnes bist du,
Mutter Gottes,
Mutter der Kirche
und Mutter des Aufbruchs.
Die Kirche in unserem Bistum ist im Aufbruch. Sie sucht nach neuen Wegen und nach einer neuen Gestalt.
Von manchem müssen wir Abschied nehmen,
vieles müssen wir neu entdecken und mit Leben füllen.

V/A Mutter Gottes, wir rufen zu dir.

V Maria, du Mutter der Kirche,
du Mutter auch unserer Ortskirche,zeige dich als Mutter des Aufbruchs,
wenn wir nach Wegen suchen,
hilf uns mitbauen an der neuen Gestalt der Kirche in unserem Bistum.

V/A Mutter Gottes, wir rufen zu dir.

V Maria, du Mutter vom guten Rat,
sei unserem Bischof und allen Verantwortlichen nahe.
Schenke allen Menschen unseres Bistums Heimat in den neuen Pfarreiengemeinschaften.
Tröste alle, die Trauer und Resignation spüren. Stärke alle, die mutlos sind.
Begleite alle, die den Aufbruch wagen.

V/A Mutter Gottes, wir rufen zu dir.

V Maria, du Frau guter Hoffnung,
hilf uns, hoffnungsfreudig in die neueste Zeit zu gehen. Maria, du Mutter des Aufbruchs, wir grüßen dich:

V/A Gegrüßet seist du, Maria …

Marie-Luise Langwald[7]

4. Texte

31. Maria ist eine Liebende

Papst Benedikt schreibt in seiner Enzyklika »Deus caritas est«:

Maria ist eine Liebende.
Wie könnte es anders sein? Als Glaubende und im Glauben mit Gottes Gedanken denkend, mit Gottes Willen wollend kann sie nur eine Liebende sein.

Wir ahnen es an den leisen Gebärden, von denen uns die Kindheitsgeschichten aus dem Evangelium erzählen. Wir sehen es in der Diskretion, mit der sie in Kana die Not der Brautleute wahrnimmt und zu Jesus trägt. Wir sehen es in der Demut, in der sie die Zurückstellung in der Zeit des öffentlichen Lebens annimmt – wissend, dass der Sohn nun eine neue Familie gründen muss, und dass die Stunde der Mutter erst wieder sein wird im Augenblick des Kreuzes, der ja die wahre Stunde Jesu ist. Dann, wenn die Jünger geflohen sind, wird sie es sein, die unter dem Kreuz steht. Und später, in der Stunde von Pfingsten, werden die Jünger sich um sie scharen in der Erwartung des Heiligen Geistes …

Maria ist in der Tat zur Mutter aller Glaubenden geworden. Zu ihrer mütterlichen Güte sowie zu ihrer jungfräulichen Reinheit und Schönheit kommen die Menschen aller Zeiten und aller Erdteile in ihren Nöten und ihren Hoffnungen, ihren Freuden und Leiden, in ihren Einsamkeiten wie in der Gemeinschaft. Und immer erfahren sie das Geschenk ihrer Güte, erfahren sie die unerschöpfliche Liebe, die sie aus dem Grund ihres Herzens austeilt.

32. Sie hilft uns, die Weite unserer christlichen Berufung zu erfassen.

Aus der Predigt von Papst Benedikt XVI. am 23. 9. 2011 in Etzelsbach:

Die Marienverehrung konzentriert sich auf die Betrachtung der Beziehung zwischen der Mutter und ihrem göttlichen Sohn. Die Gläubigen fanden immer wieder neue Aspekte und Attribute, die uns dieses Geheimnis besser erschließen könnten, zum Beispiel im Bild des Unbefleckten Herzens Marias als Symbol der tiefen und vorbehaltlosen Einheit der Liebe mit Christus. Nicht die Selbstverwirklichung schafft wahre Entfaltung des Menschen, wie es heute als Leitbild des modernen Lebens propagiert wird, das leicht in einen verfeinerten Egoismus umschlagen kann. Vielmehr ist es die Haltung der Hingabe, die auf das Herz Marias und damit auch auf das Herz des Erlösers ausgerichtet ist.

»Wir wissen, dass Gott bei denen, die ihn lieben, alles zum Guten führt, bei denen, die nach seinem ewigen Plan berufen sind« (Röm 8,28). Gott hat bei Maria alles zum Guten geführt, und er hört nicht auf, durch Maria das Gute sich weiter ausbreiten zu lassen in der Welt. Vom Kreuz herab, vom Thron der Gnade und der Erlösung, hat Jesus seine Mutter den Menschen zur Mutter gegeben. Im Moment seiner Aufopferung für die Menschheit macht er Maria gleichsam zur Vermittlerin des Gnadenstroms, der vom Kreuz ausgeht. Unter dem Kreuz wird Maria zur Gefährtin und Beschützerin der Menschen auf ihrem Lebensweg. »In ihrer mütterlichen Liebe trägt sie Sorge für die Brüder und Schwestern ihres Sohnes, die noch auf der Pilgerschaft sind und in Gefahren und Bedrängnissen weilen, bis sie zur ewigen Heimat gelangen« (Lumen gentium, 62). Ja, wir gehen durch Höhen und Tiefen, aber Maria tritt für uns bei ihrem Sohn ein und vermittelt uns die Kraft der göttlichen Liebe. [...] Sie will uns helfen, die Weite und Tiefe unserer christlichen Berufung zu erfassen. Sie will uns in mütterlicher Behutsamkeit verstehen lassen, dass unser ganzes Leben Antwort sein soll auf die erbarmungsreiche Liebe unseres Gottes. Begreife – so scheint sie uns zu sagen –, dass Gott, der die Quelle alles Guten ist und der nie etwas anderes will als dein wahres Glück, das Recht hat, von dir ein Leben zu fordern, das sich rückhaltlos und freudig seinem Willen überantwortet und danach trachtet, dass auch die anderen ein Gleiches tun.

»Wo Gott ist, da ist Zukunft.« In der Tat – wo wir Gottes Liebe ganz über unser Leben wirken lassen, dort ist der Himmel offen. Dort ist es möglich, die Gegenwart so zu gestalten, dass sie mehr und mehr der Frohbotschaft unseres Herrn Jesus Christus entspricht. Dort haben die kleinen Dinge des Alltags ihren Sinn, und dort finden die großen Probleme ihre Lösung.

33. Maria – ein Garten Gottes

Eine afrikanische Geschichte erzählt: Ein Missionar beobachtet das seltsame Verhalten eines Beduinen. Immer wieder legt sich dieser der Länge nach auf den Boden und drückt sein Ohr in den Wüstensand. Verwundert fragt ihn der Missionar: »Was machst du da eigentlich?« Der Beduine richtet sich auf und sagt: »Freund, ich höre, wie die Wüste weint: Sie möchte ein Garten sein.«

Die Wüste weint. Es ist, als trage sie noch die Erinnerung an den Paradiesgarten in sich. In uns lebt die Sehnsucht nach dem Garten, nach Frieden und geglücktem Leben, ein Heimweh nach Gott.

In Maria, der Frau voll der Gnade, hat Gott auf diese Sehnsucht geantwortet. Sie ist ein Stück Ursprungsgarten in den Wüsten dieser Welt. Ich darf ihren Garten betreten und in ihrer Nähe heil werden.

Bei Maria lerne ich glauben, dass Gott auch meine Wüsten verwandeln kann und zum Blühen bringen will. Sie, die Immakulata, zeigt mir, was die Gnade vermag.

Das Land meines Lebens gehört zu ihrem Garten.

Lukas Wehrle[8]

34. Manchmal

Manchmal,
Maria,
genügen wenige Striche,
singen leise Töne,
konzentrieren sich
plötzliche Lichtverhältnisse,
dass mir Ahnung wird von dir.
Kann ich je
jemandem von dir sagen,
dich beschreiben,

malen,
so wie du erscheinst
in meinem pochenden Leben?

Wie also soll ich
dich weitergeben,
dich säen?

Überlass es nur mir, höre ich dich flüstern
und irgendwie ist's mir warm
um's Herz.

Aus: »Werkstatt Maria«

35. Spuren Marias in unserem Land

Von vielen wird Maria hochverehrt und von Herzen geliebt. Sie schenkt ihnen Trost und mütterliche Geborgenheit. Sie ist wie ein Licht in ihrem Leben.

Die Liebe zu Maria ist in der Seele vieler Menschen, auch des deutschsprachigen Kulturraums, ausgesprochen tief verankert. Das betrifft kirchennahe wie kirchendistanzierte Christen. Und oft lebt Maria auch in solchen, die der Gottesdienstgemeinde fern stehen. Bei aller Verunsicherung dem Marianischen gegenüber, der wir in Mitteleuropa oft begegnen, können wir doch dort ein reiches marianisches Leben beobachten.

Besonders auffallend: In eigentlich allen Kirchen stellen täglich zahllose Menschen Lichter vor dem Bild der Gottesmutter auf und dokumentieren damit ihre Verehrung und ihr Vertrauen. Auch viele Jugendliche sind darunter. Ebenso evangelische Mitchristen. Eine Volks-Abstimmung mit dem Herzen.
Auch von solchen, die ihr kritisch gegenüberstehen. In ihrem Herzen – manchmal ein wenig verschämt – ist da nicht selten eine große Liebe zu ihr wirksam.

Viele marianische Lebensäußerungen sind in unserem Kultur- und Sprachraum zu finden. Es gibt sehr viele und von zahllosen Menschen besuchte Marien-Wallfahrtsorte. Mit einem Wort Papst Johannes Pauls II. können wir von einer

»marianischen Geographie des Glaubens« reden. Herausragend sind Altötting und Kevelaer. In Österreich Mariazell und in der Schweiz Einsiedeln. Der polnische Marienort Tschenstochau zieht Tausende auch aus Deutschland an.

Es gilt, sozusagen induktiv, den vielfach kleinen und großen Spuren, Äußerungen und Zeichen des Marianischen in unserem Land nachzugehen, sie zu sammeln und uns darüber auszutauschen, die Seele von Menschen zu beobachten – von solchen, denen Maria viel bedeutet, aber auch von solchen, die nicht so ohne weiteres Zugang zu ihr finden: von Katholiken, Protestanten, Nicht-Christen oder religiös Distanzierten.

Herbert King[9]

Quellenverzeichnis

1 Zitat aus: Alfred Kardinal Bengsch, Ave Maria. Gestalt eines Gebetes, Morus-Verlag Berlin 1979, S. 20.

2 Text: Friedrich Karl Barth, Peter Horst
Musik: Peter Janssens
aus: Uns allen blüht der Tod, 1979
alle Rechte im Peter Janssens Musik Verlag, Telgte-Westfalen.
Text Strophe 2: R. Weber, Rechte beim Autor.

3 Aus: Unsere Herzen haben Feuer gefangen, hg. von der Zentrale der Deutschen Schönstattbewegung © 2011 Schönstatt-Verlag, Hillscheider Str. 1, 56179 Vallendar.

4 Dr. Rainer Birkenmaier, Bellensteinstraße 25, 77704 Oberkirch.

5 Aus: Werkstatt Maria. Erfahrungen.
Hg. v. Initiativkreis Werkstatt Maria: Toni Abele, Margot Donner, P. Dr. Herbert King, Vallendar-Schönstatt 2011, © Herbert King.

6 Aus: »Werkstatt Maria« S. 42, (s. o.).

7 Ebd.

8 Pfarrer Lukas Wehrle, Kirchplatz 6, 77704 Oberkirch.

9 Aus: »Werkstatt Maria« (s. o.)

Vom Autor bisher erschienen:

J. Treutlein / M. Emge (Hg), Die Frau, die mich zu Christus führt. Modelle und Bausteine für Marienfeiern. 4 Bände, Echter Verlag Würzburg 2005 – 2007.

J. Treutlein, Maiandachten, Verlag Herder GmbH Freiburg im Breisgau 2009.

J. Treutlein, Rosenkranzandachten, Verlag Herder GmbH Freiburg im Breisgau 2009.

J. Treutlein, Von Perle zu Perle, Unterwegs mit Maria, Würzburg 2002. Zu beziehen beim Autor: Matterstockstr. 39, 97080 Würzburg.

J. Treutlein, Wandern und Radeln auf dem Fränkischen Marienweg, Galli-Verlag Hohenwart, 2. Auflage 2011.